Sprachwelten Französisch

Bas les masques !

Dr. Marc Blancher
Adrienne Derrier
Tim Pirard

circon

Baierbrunner Straße 27, 81379 München

Ausgabe 2020
2. Auflage

Redaktion: Marie Frey
Fachkorrektur: Mireille Schauwecker
Produktion: Ute Hausleiter
Titelillustration: shutterstock.com/Gluiki
Gestaltung: red.sign GbR, Stuttgart
Umschlaggestaltung: red.sign GbR, Stuttgart

ISBN: 978-3-8174-1941-8
381741941/2

Besuchen Sie uns auf Instagram und Facebook: lernkrimi

www.circonverlag.de

Lesen und Lernen mit den Sprachwelten

So abwechslungsreich war Französischlernen noch nie! Die Sprachwelten kombinieren unterhaltsames Lesen mit dem bewährten didaktischen Konzept der Reihe Lernkrimi. Die vier Kurzgeschichten sind von **muttersprachlichen Autoren** verfasst und genau auf Ihr **Lernniveau** abgestimmt – perfekt für den Unterricht oder individuelles Lernen.

Wörter, die noch unbekannt sind, werden direkt auf der Seite übersetzt, so ist kein zusätzliches Nachschlagen erforderlich. Das **alphabetische Glossar** am Ende des Buches bietet eine Übersicht aller **Vokabeln** mit ihren Übersetzungen. Im phase6-**Vokabeltrainer** sind diese sogar vertont.

Jede Kurzgeschichte enthält abwechslungsreiche, auf den Text bezogene **Übungen** zu Wortschatz, Grammatik und Textverständnis, die zum aktiven Lernen motivieren. Überprüfen Sie Ihren Lernerfolg einfach im **Abschlusstest**. Im Anhang finden Sie alle **Lösungen**.

Ergänzend zu jeder Kurzgeschichte verweisen **Infokästen** auf sprachliche und landeskundliche Besonderheiten.

Vier Kurzgeschichten in einem Band

La marche du progrès

Das erste Auto in einem kleinen französischen Dorf. Noch will keiner so recht daran glauben, dass dieses scheppernde, rauchende Monster eines Tages wirklich die gute alte Kutsche ersetzen wird ...

Randonnée mortelle

Thomas entdeckt Aufzeichnungen seines verstorbenen Großvaters. Sie handeln von einer Wanderung in den Alpen, die alles andere als harmlos verläuft. Eine wahre Geschichte? Das würde ein völlig neues Licht auf Thomas' Großeltern werfen!

Bas les masques !

Die große Liebe im Internet finden? Heutzutage kein Problem! Oder doch? Paul ist zuversichtlich, aber auf dem Weg zu seinem Rendezvous stolpert er über so manches Hindernis ...

Une oasis inattendue

Cocktails schlürfen am Pool und einfach die Sorgen des Alltags vergessen. Martines Traumurlaub! Aber ihr Ehemann Thierry möchte endlich einmal etwas Neues erleben. Fast wird den beiden das zum Verhängnis ...

Inhalt

La marche du progrès

Adrienne Derrier

Lucien se souvient de l'arrivée du progrès quand il était petit garçon : il nous raconte l'entrée de la première automobile dans son village. Tout le village attend l'arrivée de Monsieur Gustave dans son automobile et se prépare à fêter l'événement. Lucien surtout est très impatient. Mais les choses ne se passent pas exactement comme prévu et Monsieur Gustave perdra de son prestige dans l'aventure. Lucien, lui, en retire des souvenirs inoubliables.

Lucien (le narrateur) : petit garçon de dix ans (aujourd'hui vieil homme de 87 ans)

Le maire : personne la plus importante du village

Monsieur Gustave : le beau-fils du maire. Il habite la grande ville et vit comme un dandy.

L'instituteur : jeune homme moderne qui souhaite ouvrir l'esprit des villageois et de leurs enfants

Le père Gaston : vieux paysan silencieux, propriétaire de Tempête. Il aime beaucoup Lucien.

Tous les hommes étaient là. Les **ouvriers** et les paysans, les grands et les petits, **l'instituteur** bien sûr, le **curé**... Tout le monde voulait voir de ses propres yeux ce que la **rumeur** avait annoncé : le progrès.

progrès *m*	Fortschritt
ouvrier *m*	Arbeiter, Handwerker
instituteur *m*	(Grundschul-) Lehrer
curé *m*	Pfarrer
rumeur *f*	Gerücht
hausser les épaules	mit den Schultern zucken

Nous avions bien sûr déjà entendu parler de ces monstres qui pouvaient aller si vite, mais personne n'y croyait vraiment. Les anciens **haussaient les épaules** et se moquaient des « inventions » de l'instituteur : et d'ailleurs, ils ne croyaient que ce qu'ils voyaient. Et voilà que l'occasion se présentait soudain. Cela s'est passé il y a presque quatre-vingts ans...

Exercice 1 : La négation. Bilden Sie verneinte Sätze mit *ne ... personne.*

1. Tout le monde était là.

____

2. Tout le monde y croyait.

____

3. Tout le monde en parle.

____

4. Je connais tout le monde ici.

____

C'était le **gendre** du **maire** qui devait conduire ce mardi matin. Tout le monde s'était rassemblé devant l'église, on **s'interrogeait** sur la taille de la machine et surtout sur ses **performances**.

gendre *m*	Schwiegersohn
maire *m*	Bürgermeister
s'interroger *irr*	sich fragen
performance *f*	Leistung

À midi, comme on ne voyait toujours rien venir, le maire a demandé :

« Qui veut aller se renseigner ? »

Bien sûr, j'ai levé la main. J'ai toujours été un garçon curieux. Je suis parti en courant sur la route de Pomblières, le village voisin : j'avais rendez-vous avec le progrès !

Notre instituteur nous avait quelquefois parlé des dernières inventions, et toutes ces choses inconnues nous faisaient rêver. Mais à Avernay, le progrès était un peu en retard, il y avait peu de nouveautés.

Exercice 2 : Trouvez le contraire. Finden Sie das Gegenteil der folgenden Begriffe!

1. homme ______________________

2. tout le monde ______________________

3. parler ______________________

4. vite ______________________

5. matin ______________________

6. dernier ______________________

J'arrivais aux premières maisons du village lorsqu'un bruit inconnu m'a fait **ralentir** ma course. J'ai mis ma main devant mes yeux et j'ai essayé de trouver l'origine du bruit : c'était comme une grosse **abeille** qui **bourdonnait** ; et soudain, je me suis retrouvé face à la fameuse automobile. Monsieur Gustave, le gendre du maire, était au **volant**. J'ai pourtant eu du mal à le reconnaître à cause de ses énormes lunettes : il avait l'air d'un gros insecte. Lui par contre m'a reconnu tout de suite, et m'a crié :

ralentir	verlangsamen
abeille *f*	Biene
bourdonner	summen
volant *m*	Lenkrad, Steuer
paisible	ruhig, friedlich
souffle *m*	*hier:* Atem
grillon *m*	Grille
coup *m* **de coude**	Stoß mit dem Ellenbogen

« Je ralentis ! Saute sur le siège à côté de moi ! »

J'étais très excité, mais j'avais peur aussi. J'ai fait ce qu'il me disait.

« Bien ! » a alors dit M. Gustave. L'automobile avançait à ce moment aussi lentement qu'une vache **paisible**, et je me suis senti déçu : quoi ? Tant de bruit, pour cela !

« Ferme les yeux » m'a ensuite ordonné M. Gustave, « et ne les ouvre pas tout de suite ! »

Le bruit est devenu plus fort, et peu à peu j'ai senti un léger **souffle** sur mon visage ; puis la brise s'est transformée en vent. Je n'entendais plus le « cri-cri » des **grillons**, je devenais sourd en plus d'être aveugle ! M. Gustave m'a donné un **coup de coude** et m'a crié :

« Tu peux ouvrir les yeux maintenant ! »

L'automobile allait très vite, et je trouvais ça merveilleux. Dans ma tête, les pensées tournaient en rond :

« Tiens, le chien du père Lalande, mais qu'est-ce qu'il fait ? Oh, je vois la maison et le jardin, attention, la route tourne, aaah, c'est dangereux... »

> Zur Verstärkung des vorangehenden Substantivs wird im Französischen oft ein zusätzliches Personalpronomen eingefügt:
>
> Ma mère, **elle** était fière.
> Le chien, **il** ne comprenait rien.

Les femmes sortaient de leurs maisons. Certaines **faisaient le signe de croix**, et j'ai entendu la mère Dumontel dire « engin du diable ».
Mais ma mère, elle[i] était assez fière de moi. Le chien **aboyait** très fort : il ne comprenait rien !
Je sentais mon cœur battre dans ma poitrine, j'avais envie de rire et de crier, j'avais un peu mal au cœur aussi, j'aurais voulu ne jamais descendre de cette merveilleuse automobile.

Exercice 3 : Supprimez l'intrus. Welches Wort ist das schwarze Schaf? Unterstreichen Sie!

1. progrès invention occasion nouveauté
2. bruit peur curiosité envie
3. curé ouvrier instituteur dandy
4. champ grillon herbe forêt
5. enfant abeille gendre mère
6. entendre voir dire sentir

Plus que quelques minutes avant d'arriver au centre du village. Même le bruit me paraissait agréable maintenant. Monsieur Gustave me faisait des signes en montrant ses oreilles, puis le moteur, et de nouveau ses oreilles. Il paraissait aimer le bruit, lui aussi.

faire *irr* **le signe de croix**	sich bekreuzigen
aboyer	bellen
capricieux	unzuverlässig, launisch
faire *irr* **un bond** *m*	einen Satz machen
rattraper	*hier:* aufholen
récipient *m*	Gefäß
verser	gießen, schütten
démarrer	anspringen, losfahren
jurer	*hier:* fluchen
essence *f*	Benzin, Treibstoff

Mais soudain, l'automobile est devenue **capricieuse** : elle a ralenti, puis **fait un bond** en avant, comme pour **rattraper** son retard. Et elle a de nouveau ralenti. Le « vroum, vroum » s'était transformé en « teuf, teuf » ! Puis, plus rien. Nous n'avancions plus. Qu'est-ce qui se passait ?

Monsieur Gustave a sauté sur la route ; il semblait inquiet. Il a tourné autour de l'automobile, il a regardé dessous et dessus.

J'ai demandé :

« L'automobile est malade, Monsieur Gustave ? »

Monsieur Gustave m'a répondu :

« Elle doit avoir soif. »

Alors il a sorti un grand **récipient** rempli d'eau et l'a **versé** dans l'automobile. J'étais impatient de repartir.

Hélas, l'automobile refusait de **démarrer**. Monsieur Gustave a enlevé ses lunettes et s'est mis à crier, à **jurer** et à donner des coups de pied dans les pierres du chemin !

« Nous sommes en panne d'**essence** ! C'est trop bête ! »

Essence ? C'était la première fois que j'entendais ce mot.

Mais sans essence, adieu la gloire et les applaudissements. Il fallait absolument en trouver !

Exercice 4 : Complétez. Lesen Sie weiter und ergänzen Sie den Text mit den folgenden Wörtern!

ferme | chemin | droite | trouve | chance

Monsieur Gustave a réfléchi un petit moment et m'a dit :

« Voilà ce que nous allons faire : tu pars à **1.** ________, et moi à gauche. Le premier qui **2.** ________ de l'essence alertera l'autre. Bonne **3.** ________ ! »

Nous nous trouvions à présent sur un petit **4.** ________ qui conduisait au centre du village.

J'ai vu Monsieur Gustave qui disparaissait dans un champ, à la recherche d'une **5.** ________.

Je suis parti de mon côté. Je savais que les Gardent habitaient juste à côté, c'étaient de **braves** gens[i], et ils étaient pour le progrès. La preuve : Monsieur Gardent était abonné à la revue « La technique pour tous » et la boulangère avait raconté à ma mère qu'il faisait quelquefois des expériences bizarres avec des produits chimiques.

Malheureusement, leur chien ne devait pas être un ami

> Wenn im Französischen vor einem Substantiv im Plural ein Adjektiv steht, so wird der unbestimmte Artikel des zu de:
>
> Il m'a donné des roses. → Il m'a donné de belles roses.
> Les Gardent sont des gens. → Les Gardent sont de braves gens.

du progrès : aussitôt qu'il m'a vu, il a bondi vers moi. Sa tête était baissée, il montrait les dents et **grognait**. Je connaissais les chiens : celui-ci voulait à l'évidence m'attaquer. J'avais très peur, je voyais ses **crocs** immenses, la **bave** coulait de ses **babines**. J'ai fait demi-tour et je me suis enfui. Tant pis pour l'essence !

alerter	alarmieren, benachrichtigen
brave	*hier:* anständig
grogner	knurren
croc *m*	*hier:* (Hunde-) Zahn
bave *f*	Speichel
babines *f pl*	Lefzen
dévorer	verschlingen

Exercice 5 : Le plus-que-parfait. Bilden Sie Sätze im Plusque-parfait.

1. Les Gardent habitent juste à côté.

____

2. Il fait des expériences bizarres.

____

3. Le chien bondit vers moi.

____

4. Il me montre les dents.

____

Mais le chien m'a poursuivi. Je l'entendais aboyer, je sentais son souffle très proche de moi, il allait m'attraper, me **dévorer** puis **enterrer** mes **os**... Par chance, ce monstre a entendu son maître l'appeler :

Exercice 6 : Mots cachés. Finden Sie im Gitternetz zehn Begriffe, die in der Handlung vorkommen!

A	X	P	L	B	C	H	I	E	N
B	T	O	S	T	U	V	N	K	M
E	E	O	U	V	R	I	E	R	I
I	C	H	E	S	S	E	N	C	E
L	H	N	M	U	Z	Q	S	T	I
L	N	B	S	T	R	O	U	T	E
E	I	R	B	W	I	P	N	A	C
P	Q	U	M	V	O	L	A	N	T
A	U	I	T	D	N	U	I	S	U
B	E	T	L	T	A	B	A	V	E

1. ______________________ 6. ______________________

2. ______________________ 7. ______________________

3. ______________________ 8. ______________________

4. ______________________ 9. ______________________

5. ______________________ 10. ______________________

« Médor ! Médor ! Viens ici ! »
J'étais sauvé.
Je suis revenu vers l'automobile. J'espérais que Monsieur Gustave avait eu plus de chance que moi.
Monsieur Gustave m'attendait déjà, **la mine sombre**. Ses beaux habits étaient sales et **déchirés**, ses cheveux **hérissés**.
Il m'a dit :
« Je suis tombé dans le champ ! Il n'y a qu'une seule route ici, ou quoi ? »
Effectivement, il n'y avait qu'une seule route.
Je lui ai raconté ma rencontre avec Médor, et il a compris pourquoi j'avais fait demi-tour. Nous étions très ennuyés : nous ne pouvions pas pousser tout seuls la voiture jusqu'au village, et Monsieur Gustave voulait absolument faire une entrée triomphale (il ne s'était pas encore regardé dans un miroir...). Il fallait trouver de l'essence.

enterrer	verscharren, begraben
os *m*	Knochen
la mine sombre	mit finsterer Miene
déchiré	zerrissen
hérissé	zerzaust
pré *m*	Wiese
ne pas pouvoir s'empêcher de	nicht anders können als
jument *f*	Stute
naseaux *f pl*	Nüstern

Alors j'ai eu une idée : chez moi, mes parents utilisaient des lampes à pétrole. J'ai dit à Monsieur Gustave :
« Attendez-moi, je sais où trouver de l'essence ! »
Avant qu'il réponde, je suis parti en courant. Je connaissais ce chemin par cœur. Pourtant il me semblait différent maintenant, parce que, tout à l'heure, je l'avais pris avec l'automobile. Je voulais courir jusqu'à la maison sans m'arrêter ; mais, en passant devant le **pré** du père Gaston (un brave paysan), je **n'ai pas pu m'empêcher de** m'arrêter pour caresser Tempête, la **jument** brune qui était mon amie. J'adorais caresser ses **naseaux** si doux. Elle avait l'habitude de mettre son nez sur

mon épaule, comme pour me dire des secrets. D'ailleurs, je lui racontais souvent les miens. J'ai commencé à lui raconter mon aventure avec l'automobile : elle posait sa grosse tête et **remuait les oreilles** avec attention. Mais brusquement, je me suis rappelé : le pétrole! Je n'avais pas le temps ! J'ai murmuré à Tempête :

« Ne t'inquiète pas, je reviendrai bientôt te voir. »

Exercice 7 : Pronoms. Ersetzen Sie die unterstrichenen Wortgruppen durch die entsprechenden Possessivpronomen!

1. Tempête est la jument <u>du père Gaston</u>.

   ____.

2. Le chien <u>des Gardent</u> s'est montré agressif.

   ____.

3. Ce n'était pas la faute <u>de Monsieur Gustave</u>.

   ____

   ____.

4. Tous les parents <u>des enfants</u> attendaient l'automobile.

   ____

   ____.

5. Tempête connaît les secrets de Lucien.

   ____.

Un peu plus tard, je suis entré comme une tornade dans la cuisine. Ma mère était surprise :
« Tu es déjà revenu ? C'est fini ? »

remuer les oreilles	mit den Ohren wackeln

J'avais du mal à respirer. J'ai menti :
« C'est que Monsieur Gustave se repose un peu avec l'automobile, et moi j'ai oublié... J'ai oublié quelque chose dans ma chambre. »

Exercice 8 : Mots cachés. Finden Sie die Gegenteile von zehn Begriffen aus dem vorhergehenden Abschnitt.

A	B	O	U	T	E	I	L	L	E	M	O
L	A	T	E	R	W	U	Z	O	I	R	E
I	L	S	R	E	P	A	S	I	C	R	I
P	É	T	R	O	L	E	U	R	U	N	T
O	A	T	Y	L	D	U	F	E	I	U	S
C	A	V	E	R	N	E	N	T	S	A	S
N	T	O	R	N	A	D	E	D	I	T	O
M	N	A	T	U	V	R	A	I	N	T	E
È	U	C	C	H	A	M	B	R	E	P	U
R	I	L	A	I	S	E	R	M	E	U	R
E	P	A	I	Z	B	R	A	S	S	O	N

Comme ma mère était en train de préparer le repas, avec ma petite sœur dans les bras, elle ne pouvait pas surveiller ce que je faisais. Alors je suis allé à la cave sur la pointe des pieds, et j'ai pris du pétrole dans une petite bouteille. Me voilà reparti.

« J'arrive, Monsieur Gustave ! »

avoir *irr* **honte**	sich schämen
manivelle *f*	(Hand-)Kurbel
hoquet *m*	Schluckauf
En voiture, Simone !	Auf geht's! Nichts wie los!
épais	dick, dickflüssig

Le gendre du maire m'a accueilli comme un sauveur : grâce à moi, il n'**aurait** pas **honte** devant tout le village. Il a pris ma bouteille et a versé le liquide dans l'automobile : cela a fait de la fumée car le moteur était encore chaud. Ensuite, il a tourné la **manivelle** très vite. Le moteur a eu un **hoquet** : il repartait ! Monsieur Gustave m'a dit :

« **En voiture Simone !** » [i]

Et nous nous sommes installés.

Simone Louise des Forest machte als eine der ersten Frauen in Frankreich den Führerschein. Auf sie geht diese Redewendung zurück, deren vollständige Fassung lautet:

« En voiture Simone, c'est moi qui -conduis, c'est toi qui klaxonnes ! »

(„Steig' ein Simone, ich fahre und du hupst!")

Mais visiblement, le pétrole de la campagne n'était pas fait pour une automobile de la ville. Après quelques mètres seulement, une fumée noire a commencé à sortir du moteur, elle devenait de plus en plus **épaisse** et cela sentait mauvais !

Il y a eu comme une explosion, puis plus rien. Alors Monsieur Gustave s'est tourné vers moi : son visage était tout noir. Il a levé les bras et a crié :

« C'est **fichu**, fichu ! »
J'ai **hoché la tête**. C'était sans espoir, cette fois.

Exercice 9 : Les verbes. Lesen Sie weiter und setzen Sie die korrekte Verbform ein!

Soudain, nous avons **1.** entendre ________________ des voix qui appelaient :

« Ouh, ouuh ! Gustave ! Lucien ! Où **2.** être ________________ -vous ? »

J'ai **3.** reconnaître ________________ la voix de mon père et celle du maire. Fatigués d'attendre, ils avaient **4.** décider ________________ d'aller voir ce qui se passait.

Mais ils ne s'attendaient pas à un spectacle pareil : deux étranges personnages, avec les chaussures sales et le visage tout noir, à côté d'une machine qui fumait encore !
Après le premier moment de surprise, j'ai vu mon père enlever sa **casquette**, puis la remettre, et l'enlever de nouveau en se mordant les moustaches. Je connaissais bien ces signes : ils montraient une énorme envie de rire. Finalement, il n'a pas pu se retenir : il s'est mis à sourire, puis à rire, et à la fin les larmes

⚡ **fichu**	*hier:* aus, im Eimer
hocher la tête	nicken
casquette *f*	Mütze

lui montaient aux yeux. C'est vrai que nous avions l'air de deux personnages comiques ! Le maire a finalement imité mon père, et moi aussi je me suis mis à rire. Nous n'arrivions plus à nous arrêter ! Le seul qui ne trouvait pas cela drôle, c'était bien sûr Monsieur Gustave.
« Mais vous allez arrêter de rire comme ça ? Cela suffit ! Enfin ! »

Exercice 10 : Qui fait quoi ? Wer macht was? Verbinden Sie?

1. ☐ Lucien	**a)** ne s'intéresse pas trop à l'histoire.
2. ☐ Monsieur Gustave	**b)** court à la maison pour chercher du pétrole.
3. ☐ Le père de Lucien	**c)** veut impressionner tout le monde.
4. ☐ La mère de Lucien	**d)** ne peut pas s'empêcher de rire.

Il est devenu tout rouge, il agitait les bras et les jambes d'un air furieux. Nous avons ri encore plus. Alors Monsieur Gustave, ce Monsieur si **convenable**, a donné des coups de pied dans les pneus de l'automobile, sa précieuse automobile ! Il a même dit des **gros mots** !

convenable	anständig
gros mot *m*	Schimpfwort

Mais l'automobile ne pouvait pas rester au milieu du chemin : il fallait l'amener jusqu'au centre du village.

Alors Monsieur Gustave a dû accepter **en grinçant des dents** que la tradition vienne aider le progrès : je suis allé au village pour demander au père Gaston de nous prêter ses chevaux.

Exercice 11 : Traduction. Übersetzen Sie folgende Sätze!

1. Das Auto repräsentiert den Fortschritt.

   ____.

2. Tempête ist eine freundliche Stute.

   ____.

3. Der Grundschullehrer spricht von neuen Erfindungen.

   ____.

4. Um ein Auto zu fahren, braucht man Benzin.

   ____.

Le père Gaston était assis sur un banc devant sa ferme. Il était le seul qui ne s'intéressait pas au progrès.
J'ai couru vers lui et je lui ai demandé **à bout de souffle** :
« Monsieur Gaston, est-ce que vous voulez bien que vos chevaux aident Monsieur Gustave et son automobile ? »

en grinçant des dents	zähneknirschend
à bout de souffle	außer Atem

Il a eu l'air étonné, mais il n'a pas posé de question. Le paysan n'était pas bavard. Sous sa moustache, il y avait un petit sou-

rire. Il est allé chercher les deux chevaux, le brun et le gris. Le brun, c'était Tempête. Elle avait l'air contente de me revoir. « Tiens, mon gars », m'a-t-il dit, « conduis celui-là », et il m'a posé sur le dos de « ma » jument brune !
Elle, elle ne faisait pas autant de bruit ; et quand j'ai **claqué de la langue**, elle s'est tout de suite mise en route. J'ai fermé les yeux : je pouvais sentir le soleil sur mon visage, je respirais les odeurs d'herbe et de feuilles, et je me sentais en sécurité. Les muscles du grand **cheval de trait** roulaient sous mes jambes. Comme Tempête était forte !

Exercice 12 : Adjectifs. Ersetzen Sie die unterstrichenen Substantive durch ein weibliches Äquivalent und schreiben Sie die Sätze um!

1. Le petit garçon se montrait curieux.

   La petite fille se montrait curieuse.

2. Lucien trouvait le cheval merveilleux.

   ____

3. Les parents étaient fiers de leur fils si intelligent.

   ____

4. Les paysans sont souvent gentils.

   ____

5. Comme l'engin était capricieux !

   ____

Tout le monde avait voulu savoir ce qui se passait : il y avait une cinquantaine de personnes derrière les chevaux.

Ce jour-là, tous les hommes d'Avernay ont accompagné le progrès, tiré par deux chevaux. Pour faire avancer l'automobile il suffisait de crier : « Hue ! Hue ! ».

claquer de la langue	mit der Zunge schnalzen
cheval *m* **de trait**	Zugpferd

Monsieur Gustave essayait d'expliquer aux gens comment son automobile marchait, mais on ne comprenait pas vraiment.
Mais moi, je savais. J'avais goûté le plaisir de la vitesse et j'étais le seul à avoir entendu le vrai bruit de la machine. Et les hommes ont raconté à leurs femmes comment était la fameuse automobile : c'était impressionnant, bien sûr, et ça brillait ; mais, comme a dit le vieil épicier de quatre-vingts ans :
« Ça ne remplacera jamais un bon cheval ! »

Randonnée mortelle

Dr. Marc Blancher

Après la mort de son mari, la grand-mère de Thomas demande au jeune homme de ranger le vieil atelier. Il y retrouve la boîte que son grand-père a toujours cachée. Thomas va découvrir une histoire terrifiante qui se passe juste après la fin de la Seconde Guerre mondiale. Il s'agit d'un groupe de cinq amis qui partent faire une **randonnée** dans les Alpes. Une randonnée mortelle...Thomas ne sait plus vraiment si c'est une fiction ou bien la réalité... Après avoir lu cette histoire, vous ne regarderez plus jamais votre grand-mère comme avant !

Thomas : jeune homme âgé d'environ vingt ans qui est revenu chez sa grand-mère pour l'aider à ranger les affaires de son grand-père mort.

Le narrateur du récit : c'est le grand-père de Thomas.

Marie : ses parents ont une ferme. Elle travaille au café du village. L'auteur du récit est secrètement amoureux d'elle.

Frédéric : fils du docteur du village. Beau et intelligent. Toutes les filles rêvent de lui. Lui aussi s'intéresse à Marie.

Thibault : jeune frère de Frédéric. Il est fiancé à Sophie mais il rêve d'aventure à l'autre bout du monde.

Sophie : fiancée de Thibault. C'est toujours elle qui décide de tout. Elle veut se marier avec son fiancé.

Thomas pousse la lourde porte de fer. Après avoir ouvert la fenêtre pour **aérer**, il décide de commencer par le vieil atelier. C'est sa grand-mère qui lui a demandé de le ranger. Thomas se souvient de cet atelier. C'est là que travaillait son grand-père quand ses cousins et lui étaient enfants. À l'époque, il était encore en forme, leur grand-père. Il est mort la semaine dernière d'une longue maladie. On dirait que sa grand-mère n'est pas très triste. Sans doute qu'on s'attend à ce genre de choses à son âge. Elle a donné à Thomas de vieux vêtements de son mari.

randonnée *f*	Wanderung
aérer *irr*	lüften
brouette *f*	Schubkarre
aspirateur *m*	Staubsauger
planche *f*	Brett
menuisier *m*	Schreiner
effort *m*	Mühe

Il met tous les outils dans la vieille **brouette** pour les transporter jusque dans sa voiture. Il a amené un gros **aspirateur** pour nettoyer l'atelier. Entre la table et le mur, son grand-père avait placé des dizaines de **planches**. Elles sont en plus ou moins bon état. Il met des gants et commence à les enlever une par une. Thomas oublie souvent que son grand-père était **menuisier** de profession. Quand ses cousins et lui sont nés, il ne travaillait déjà plus.

Une, deux, trois... Les planches sortent les unes après les autres. Thomas commence à avoir mal aux bras à force de porter et porter. Enfin la dernière ! Malgré ses **efforts**, celle-ci ne veut pas bouger. Elle semble prise dans le sol. Il a déjà beaucoup travaillé et il est plutôt fatigué. Il commence à perdre patience...

« C'est pas vrai ! »[i]

In der gesprochenen französischen Sprache fällt häufig das Element **ne** weg.
Das **pas** reicht dann aus, um anzuzeigen, dass eine Aussage verneint ist.

Exercice 1 : Conjuguez. **Lesen Sie weiter und konjugieren Sie die Verben im Präsens!**

Il **1.** se mettre ______________ à genoux pour se glisser sous le **plan de travail**. Ses mains **2.** avancer ______________ peu à peu : les planches sont fixées avec des barres de fer. Les plus âgés **3.** dire ______________ toujours qu'un vrai **bricoleur** ne **4.** pouvoir ______________ travailler que dans le désordre.

Après plusieurs essais, il arrive enfin à retirer ce qui bloque la planche. C'est une petite boîte métallique. Au début, il n'a aucune idée de ce que c'est, puis... Il se souvient. Cela fait des années qu'on ne l'a pas revue. Mais c'est bien elle ! Cela ne fait aucun doute. Entre-temps, la **rouille** a recouvert la boîte. Quand il était enfant, il voulait toujours savoir ce qu'il y avait dedans ! Son grand-père n'a jamais parlé de la boîte en présence de sa grand-mère : ce devait plus ou moins être le secret du grand-père et de ses petits-enfants... Même si lui seul savait ce qu'il y avait dedans. Sa grand-mère est allée se reposer en début d'après-midi, comme chaque jour. Juste après les **escalopes à la purée**, Tho-

plan *m* **de travail**	Arbeitsfläche
bricoleur *m*	Heimwerker
rouille *f*	Rost
escalope *f* **à la purée**	Schnitzel mit Püree
tiroir *m*	Schublade

mas est allé dans le vieux bureau de son grand-père pour chercher la petite clé. Il l'a enfin découverte cachée dans un **tiroir**, avec une collection d'anciens francs. Puisque sa grand-mère dort, il va pouvoir y jeter un coup d'œil en toute tranquillité. Il essaie de refermer la porte de l'atelier derrière lui sans faire trop de bruit et s'installe dans le vieux canapé. La boîte n'est pas facile à ouvrir : sans doute son grand-père ne l'a-t-il plus ouverte depuis des années. Ça y est, enfin !

Exercice 2 : À la maison. Kreuzen Sie die richtige Antwort an!

1. On y prépare les repas :

a) la cuisine ❐

b) la salle à manger ❐

2. On y travaille :

a) la chambre à coucher ❐

b) l'atelier ❐

3. On y regarde la télévision :

a) la salle de bain ❐

b) le salon ❐

4. On y accueille des visiteurs :

a) la chambre d'amis ❐

b) la chambre de visiteurs ❐

Un petit nuage de poussière apparaît lorsqu'il l'ouvre. Il **toussote** quelques instants avant de pouvoir enfin examiner son contenu : il y a quelques vieilles photos **jaunies** ainsi qu'un cahier… on dirait un cahier d'écolier. Le cahier ne porte pas de titre, on y a seulement écrit au crayon « août 1945 ». Thomas essaie de s'imaginer à quoi pouvaient ressembler ses grands-parents cette année-là, ce qu'ils pouvaient faire. Ils avaient tous les deux vingt ans. Il tourne les premières pages… C'est une histoire qui se passe dans les Alpes, en juillet, juste après la fin de la Seconde Guerre mondiale. Thomas commence à lire…

toussoter	hüsteln
jauni	vergilbt

Exercice 3 : Mots de la même famille. Von welchem Wort stammen die folgenden Begriffe?

1. toussoter __________________
2. disputer __________________
3. tutoyer __________________
4. journal __________________
5. mondial __________________
6. imaginer __________________

Ce matin, nous nous sommes levés à cinq heures. Les autres n'ont pas aimé cette idée. Ils détestent se lever tôt. Mais moi, j'y suis habitué parce que j'aide souvent mon père à l'atelier et pour cela, il faut se lever très tôt le matin. Notre point de rendez-vous est le café en face de la poste. Frédéric et Thibault n'ont pas pu **emprunter** la voiture de leur père, le docteur de notre petite ville. Mais ils ont maintenant un camion. Je n'ai pas vraiment envie de faire cette randonnée avec tous les autres. Je voudrais plutôt la faire seul avec Marie...

emprunter qc	sich etwas ausleihen
se disputer	sich streiten
journal *m*	*hier:* Tagebuch
récit *m*	Erzählung
captivant	spannend
charcuterie *f*	Metzgerei

Thomas s'interrompt. Marie, c'est le prénom de sa grand-mère. Il commence à comprendre. Son grand-père a toujours répété qu'il aurait voulu faire des études pour apprendre à écrire : peut-être a-t-il essayé d'écrire son premier roman. Et il s'est inspiré de celle qui est devenue sa femme quelques années plus tard. Cette pensée fait sourire Thomas car il a toujours connu ses grands-parents **se disputant**... Ou peut-être est-ce un **journal** ? Dans tous les cas, ce **récit** est **captivant** : Thomas a l'impression d'accompagner les jeunes gens en randonnée.

Exercice 4 : Complétez. Lesen Sie weiter und ergänzen Sie den Text mit den richtigen Präpositionen!

à | à côté | sur | en | de

Je suis passé prendre Sophie. Elle habite au-dessus **1.** ________ la **charcuterie** de ses parents. Thibault, lui, porte les deux grandes tentes. Comme toujours, Sophie marche **2.** ________ tête. Sophie est une fille assez autoritaire, c'est elle qui dit toujours **3.** ______ Thibault ce qu'il doit faire. J'ai décidé d'aider Thibault à porter la seconde des deux tentes. La poste est située **4.** ______ la place du village, juste **5.** ______ de l'épicerie. En face, il y a la mairie... et le café du rendez-vous.

renverser	*hier:* überfahren
chauffard *m*	Verkehrsrowdy
escalade *f*	Klettern
grimpeur *m*	Kletterer
essence *f*	Benzin, Treibstoff
beau-père *m*	Schwiegervater
en vue *f*	angesehen, begehrt

Le café, c'est là que travaille Marie depuis la mort de son père. Il a été **renversé** par une voiture, au printemps. Cela s'est passé la nuit et les gendarmes n'ont jamais pu retrouver le **chauffard**.

Une fois arrivé[i] au point de rendez-vous, chacun présente fièrement ce qu'il a apporté. Sophie a les boissons, moi le matériel d'**escalade** : mon oncle est guide de haute montagne et c'est lui qui m'a prêté son matériel. Je pense que c'est un petit peu pour cette raison que Frédéric et Thibault ont accepté que je vienne. Thibault est le fiancé de Sophie et je sais que Frédéric s'intéresse à Marie. Et si je suis là, avec eux, c'est parce que je suis un excellent **grimpeur** et... parce que Marie l'a demandé.

i Das französische „une fois", das hier am Satzanfang steht, kann nicht eins zu eins ins Deutsche übersetzt werden. Am ehesten würde man es ganz weglassen: „Am Treffpunkt angekommen ..."

Exercice 5: Mots cachés. Finden Sie sechs Begriffe aus dem bisherigen Verlauf der Geschichte!

P	R	É	C	I	T	E	R	R	A	J
E	O	N	I	C	U	E	S	T	V	O
P	M	E	N	U	I	S	I	E	R	U
S	O	L	E	C	I	C	R	U	E	R
X	Y	P	R	A	O	A	S	T	U	N
É	B	R	I	C	O	L	E	U	R	A
M	I	E	L	S	T	O	R	T	Z	L
E	R	N	E	A	L	P	E	S	C	G
L	E	P	A	N	T	E	N	F	T	S

Frédéric et Thibault ont trouvé le camion, c'est donc Frédéric qui va le conduire. Thibault a échangé de l'**essence** contre de la viande au marché noir. C'était de la viande de la charcuterie de son futur **beau-père**. La guerre vient de se finir et il est encore difficile de trouver beaucoup de choses.

Sophie, elle, est venue avec... son caractère ! Et son caractère est encore plus difficile depuis qu'elle est la fiancée de Thibault. Comme son père est docteur, Thibault est un des jeunes gens les plus **en vue** de notre petite ville. Juste après...

« Frédéric ! »

On entend le bruit du moteur. Le camion est apparu sur la place. Nous montons à l'arrière. Enfin ! Direction les Alpes pour quelques jours de vacances sous la tente !

Exercice 6 : Combinez. Ordnen Sie die geografischen Namen ihren Überbegriffen zu!

1. ☐ Une montagne	a) La Méditerranée
2. ☐ Une région	b) Les Alpes
3. ☐ Une mer	c) Le Rhône
4. ☐ Un fleuve	d) Rhône-Alpes
5. ☐ Un village	e) France
6. ☐ Un pays	g) Balazuc

Frédéric roule vite. Plusieurs fois, Sophie lui demande de **ralentir**. En chemin, il s'arrête à l'entrée du sentier qui conduit à la ferme des parents de Marie. Depuis la mort de son père, c'est son frère qui y travaille. Et Marie, elle, doit travailler au café du village. Elle nous attend, deux bouteilles à la main. Du lait frais ! Qu'est-ce que nous avons de la chance d'habiter à la campagne ! Mes parents, eux, ne sont pas contents de me voir partir camper. Ils pensent que c'est une mauvaise idée. Après la guerre, il y a autre chose à faire que de s'amuser. Mais nous, c'est justement ce que nous voulons faire ! Et ce sera peut-être la dernière fois car Frédéric, Thibault et moi allons devoir partir faire notre service militaire, sans doute en Allemagne. Thibault est le seul d'entre

ralentir	verlangsamen
col *m*	Pass
zigzaguer	im Zickzack verlaufen/gehen

nous qui veut vraiment partir à l'armée. Mais Sophie n'est pas d'accord. J'ai essayé de m'asseoir à côté de Marie dans le camion. Frédéric a apporté une radio qui passe de la musique américaine. Nous avons tous envie de danser.

> Das Verb **passer** kann viele verschiedene Bedeutungen haben. Einige Beispiele sind:
>
> | | |
> |---|---|
> | **passer de** la musique | Musik (ab)spielen |
> | **passer du temps** | Zeit verbringen |
> | **passer voir qn** | bei jmd. vorbeischauen |

Exercice 7 : Substantifs. Lesen Sie weiter und setzen Sie die Substantivformen an die richtige Stelle!

temps | montagne | camion | groupe | pied

Nous arrivons au 1. ________ du **col** vers huit heures. Nous descendons tous et Frédéric va garer le 2. ________ . Heureusement il fait un 3. ________ magnifique : le soleil brille. Bientôt, nous allons avoir très chaud. Peu importe : maintenant, c'est à moi de briller ! C'est moi qui connais la 4. ________ et qui dirige le petit 5. ________ .

La première partie de la montée est assez facile : nous montons un sentier qui **zigzague** sur plusieurs centaines de mètres. Sophie marche en tête à mes côtés. Comme toujours, elle ne porte presque rien. Juste derrière nous, Frédéric et Marie sont en grande discussion. J'aimerais moi aussi parler à

Marie, mais je ne saurais pas quoi dire. Thibault porte le sac le plus lourd. Je porte le second qui est presque aussi lourd ! Et c'est Thibault le dernier : il marche en chantant.

J'essaie de suivre la conversation entre Marie et Frédéric. Celui-ci a un avis très positif sur la fin de la guerre : il pense que tout va changer. Je sais qu'il rêve d'**épouser** Marie, même si sa famille ne sera jamais d'accord. Thibault, lui, ne sait pas vraiment s'il veut se marier : il rêve d'aventures dans des pays exotiques comme l'Algérie ou encore l'Indochine. Je sais que je partirai moi aussi mais j'ai peur que Marie rencontre quelqu'un pendant mon absence. Et surtout Frédéric ! Marie, elle, ne sait même pas que je l'aime ! J'adore ses longs cheveux **dorés** qui descendent jusque sur ses épaules. Et ses magnifiques yeux bleus. Mais je suis beaucoup trop timide pour le lui dire. Pas comme Frédéric qui lui fait tout le temps des compliments. Il est très cultivé et a beaucoup d'humour. Moi, je ne connais que la montagne. Et je ne parle ni beaucoup ni bien.

épouser	heiraten
doré	golden
se détacher	sich lösen
paroi *f*	*hier:* Felswand
avouer	zugeben
à mi-parcours *m*	auf halber Strecke, auf halbem Weg

Crac ! Sophie vient de pousser un cri. Un petit rocher **s'est détaché** de la **paroi** et il a roulé, passant juste devant elle. Frédéric s'est mis à rire. Mais Sophie semble nerveuse. J'**avoue** que j'ai moi aussi eu peur. Nous faisons une pause **à mi-parcours** pour pique-niquer. Tout le monde rit beaucoup, à l'exception de Sophie. Le rocher lui a apparemment fait très peur. En fin de journée, nous sommes déjà à mi-chemin et nous nous arrêtons pour camper : les filles doivent dormir dans la première tente et nous dans la seconde. Nous commençons à les **monter**. C'est alors que je remarque que...

monter	*hier:* aufbauen
illisible	unlesbar
renverser	*hier:* verschütten
sursauter	hochschrecken
ramasser	sammeln
myrtille *f*	Heidelbeere
réapparaître	wieder auftauchen

Non ! La page suivante est **illisible** ! Thomas est très déçu. On dirait qu'on a **renversé** quelque chose sur le cahier, peut-être est-ce du café. Dans tous les cas, il lui est impossible de lire les deux côtés de cette page. Le récit ne continue qu'à (i) la page suivante.

C'est un rayon de soleil qui me réveille. Je **sursaute**. Ma montre s'est arrêtée. J'entends des voix à l'extérieur de la tente. Je me retourne : je suis seul dans la tente. Et j'entends crier au dehors :

« Sophie ! Sophie ! Hou ! Hou ! Est-ce que tu nous entends ? »

Frédéric et Marie crient très fort. Thibault, lui, est pris de panique. Il court à l'entrée de la forêt. On dirait que Sophie a disparu. Elle est sortie très tôt de la tente. Elle a dit à Marie qu'elle allait **ramasser** des **myrtilles**. Et... Elle n'est pas **réapparue**. Nous réfléchissons quelques instants : il faut qu'on la cherche. Car en effet, le temps passe et Sophie ne réapparaît toujours pas. Frédéric propose de redescendre et d'appeler la police mais Thibault refuse. Il se met en colère : pour lui, il est hors de question d'abandonner Sophie. Il dit qu'il faut absolument que quelqu'un reste sur place au cas où Sophie reviendrait, mais qu'il serait trop dangereux de se séparer. Je suis d'accord avec lui. Marie égale-

> Anstelle von **seulement** steht im Französischen oft **ne ... que** in der Bedeutung „nur":
> Il **ne** s'intéresse **qu'à** l'escalade.
> Es kann aber auch „erst" heißen:
> Le récit **ne** continue **qu'à** la page suivante.

ment. Nous allons donc la chercher dans la forêt. Thibault m'accompagne, Marie reste avec Frédéric.

massif *m*	Gebirgsmassiv
rive *f*	Ufer
déchiré	zerrissen

À cet instant, le récit s'interrompt. Curieux, Thomas tourne la page. Il découvre alors une série de plans qui représentent les recherches des quatre amis. Ils ont cherché Sophie toute la journée : dans la forêt, dans le **massif** et sur les **rives** du lac. Sans résultat. Cette histoire est vraiment captivante, et tellement réaliste... Maintenant, le jeune homme veut à tout prix savoir ce qui est arrivé au personnage de Sophie. Le récit continue quelques pages plus loin. Son grandpère l'a probablement écrit en plusieurs étapes. Il y a quelques pages **déchirées**, quelques passages effacés.

Exercice 8 : Le passé composé. Setzen Sie die Verbformen ins Passé composé!

1. Il s'interrompt ______________________

2. Nous découvrons ______________________

3. Elles sont ______________________

4. Vous continuez ______________________

5. Je lis ______________________

6. On doit ______________________

7. Il veut ______________________

8. Nous réfléchissons ______________________

La nuit tombe lorsque nous arrivons à nos tentes. Thibault a les larmes aux yeux et Frédéric a beaucoup de mal à le calmer. Nous sommes tous tellement nerveux que nous ne mangeons rien et allons directement nous coucher. Nous avons décidé de redescendre le lendemain pour chercher du secours. Marie suggère à Frédéric de rester avec son petit frère. Embarrassé, il ne peut pas refuser. Quant à moi, **j'ai honte**, mais je suis heureux : je vais partager ma tente avec Marie ! Je suis le premier à m'installer. Quelques minutes plus tard, Marie vient me rejoindre après avoir rangé le matériel d'escalade pour le lendemain. Jamais encore je ne m'étais senti aussi **mal à l'aise**. Je n'arrête pas de **bégayer** et de **trembler**. Je crois qu'il est encore mieux de me taire.

avoir *irr* **honte**	sich schämen
être *irr* **mal à l'aise**	sich unwohl fühlen
bégayer	stottern
trembler	zittern

Exercice 9 : Supprimez l'intrus. **Welches Wort ist das „schwarze Schaf"? Unterstreichen Sie!**

1. larmes rire pleurer être triste
2. tente camping sac de couchage hôtel
3. dire oui refuser être d'accord accepter
4. nager descendre montagne escalade
5. myrtille frais escalope framboise

Thomas n'est pas content : il y a de nouveau une page qui a été déchirée. Impossible donc de savoir s'il s'est passé quelque chose entre Marie et le narrateur de l'histoire !

démonter	abbauen, abmontieren
bruissement *m*	Rascheln
souffle *m*	*hier:* Luftzug
prévenir	benachrichtigen
abrupt	steil
corde *f*	Seil
se rompre	zerreißen

Le lendemain matin, nous partons très tôt, comme prévu : il est sept heures du matin lorsque nous finissons de **démonter** nos tentes. Nous marchons sans dire un mot. Chaque **bruissement** de feuille, chaque **souffle** de vent nous fait sursauter. Aux environs de neuf heures, nous sommes à mi-parcours. Thibault veut redescendre le plus vite possible pour **prévenir** les gendarmes. Malgré mes conseils, il propose que nous descendions le long de la grande paroi au lieu de suivre le sentier. Cela doit nous faire gagner plus d'une heure. Frédéric n'est pas d'accord, il est même en colère. Finalement, il dit à Thibault de passer le premier.

Folgt ein Relativsatz auf ein Personalpronomen, so steht das konjugierte Verb in derselben Person wie das Personalpronomen: Moi qui **suis** un spécialiste./Toi qui **connais** la montagne.

Exercice 10 : Corrigez. Finden Sie im folgenden Abschnitt die acht grammatikalischen Fehler.

Le paroi est **abrupt**, même pour moi, qui suis[i] un spécialiste. Nous regardent Thibault descendre d'à haut. Je me souviens plus vraiment du ordre des événements. Il est difficile à réaliser : ce qui est chuté devant moi, c'est ...

« Thibault ! »
La corde s'est rompue : il n'y a plus rien à faire. Je ne comprends pas. Et je n'oublierai jamais l'expression du visage de Frédéric lorsqu'il s'est retourné :
« C'est toi, n'est-ce pas ?! C'est toi, hein ?! »
Je comprenais qu'il était en colère contre moi. J'étais responsable des cordes et du matériel.
« Écoute, Frédéric, je… »
Je me trompais… C'était à Marie qu'il s'adressait.
Marie ne disait rien. Son visage n'avait aucune expression.

Exercice 11 : Devinette. Finden Sie die passenden Begriffe und enträtseln Sie das Lösungswort!

1. Une montagne des Alpes est le ☐ _ _ _ - _ _ _ _ _.
2. Thomas trouve une _ _ _ _ ☐.
3. Le grand-père de Thomas était _ _ _ ☐ _ _ _ _ ☐.
4. Quand on n'a pas raison, on se ☐☐ _ _ _ _.
5. Les amis dorment dans des _ _ _ _ ☐ _.
6. Georges et Marie ont un ☐ _ _ _ _ _.

Lösung: ☐☐☐☐☐☐☐☐

« Pourquoi ? » lui a demandé Fréderic.
Elle n'a pas eu besoin de le dire. Elle a juste sorti un vieil article de journal de la poche de sa veste. L'article **datait du** mois d'avril de la même année. Le reste se lisait dans ses yeux.
Sans attendre, Frédéric s'est jeté sur elle et je me suis **interposé**. Frédéric m'a **empoigné**. Par réflexe, je lui ai donné un **coup de poing** et nous nous sommes battus. Frédéric criait et appelait sans cesse Marie « meurtrière ». Jusqu'à ce qu'il se taise... **définitivement**.

Exercice 12 : Traduisez. Lesen Sie weiter und setzen Sie die französischen Begriffe ein.

C'est la dernière **1.** Satz ______________ que Thomas lit. Il est **2.** schockiert ______________. Cette histoire lui semble tout à coup réelle... Il **feuillette** le reste du **3.** Heft ______________ mais il n'y a plus rien **4.** außer ______________ quelques vieux articles **5.** vergilbt ______________ coupés dans des **6.** Zeitungen ______________ : un **7.** Unfall ______________ de la route datant d'avril 1945, une **8.** Verschwinden ______________ et un accident de montagne datant de juillet 1945.

« C'est l'heure du café ! »
Sa grand-mère se tient à la porte. Georges, son grand-père, est

mort. Marie, elle, est encore là. Thomas se dépêche de ranger le cahier et de refermer la petite boîte. Il faut y aller. Chez sa grand-mère, le café n'attend pas...

dater de	stammen, (aus einer Zeit)
s'interposer	eingreifen, dazwischengehen
empoigner	(an)packen
coup *m* **de poing**	Faustschlag
définitivement	endgültig
feuilleter	durchblättern

Bas les masques !

Tim Pirard

Comment trouver l'amour quand on n'a pas le temps ? Ce n'est pas facile ! Mais Paul a trouvé une solution moderne : il s'est inscrit sur un site de rencontre sur Internet. Et ce soir, c'est le premier rendez-vous avec la mystérieuse Célia. Paul est excité. Il ne faut surtout pas être en retard ! Mais le chemin qui va jusqu'à Célia est plein de surprises et Paul découvrira bientôt que les choses ne sont pas toujours ce qu'elles semblent être...

Paul : un jeune médecin sympathique qui essaie de trouver l'amour sur Internet.

Célia : une jeune femme pleine d'humour. C'est elle qui a répondu à Paul sur Internet.

Paul met sa plus belle chemise et se demande : « Est-ce que je dois fermer le **bouton du haut** ou pas ? S'il est ouvert, c'est peut-être un peu trop sexy pour un premier rendez-vous. Mais s'il est fermé, ça fait un peu trop sérieux ou **homme d'affaires**... » Paul se pose toujours beaucoup de questions, et ça lui pose parfois beaucoup de problèmes. « En tout cas, la couleur blanche, j'y suis habitué ! »

bouton *m* **du haut**	oberster Knopf
homme *m* **d'affaires**	Geschäftsmann
écran *m*	Bildschirm
renverser	*hier:* verschütten
démodé	altmodisch

Paul se prépare un café – décaféiné, car il est déjà très nerveux. Il vérifie une dernière fois ses e-mails[i] : pas de nouveaux messages. Il n'y a donc pas de problèmes avec le rendez-vous. Il est tellement nerveux que par moments, il espère presque que le rendez-vous sera annulé. Est-ce que c'était vraiment une bonne idée cette rencontre? Il ne la connaît pas vraiment et on ne sait jamais sur qui on peut tomber. Paul secoue la tête pour remettre en ordre ses idées, effacer les mauvaises et ne garder que les bonnes. Mais en refermant l'**écran**, il **renverse** la tasse sur sa belle chemise. Paul pousse un grand cri de douleur : le café était encore très chaud ! Rapidement, il enlève sa chemise et cherche dans son armoi-re d'autres vêtements : le t-shirt « I love Paris » n'ira pas, ni sa chemise bleu marine qui fait vraiment **démodé**. Finalement, il choisit une chemise grise avec des lignes claires. Paul est soulagé.

« Bon, ce n'est pas grave, je ne suis pas encore en retard. »

Il se regarde dans le miroir et se trouve plutôt beau.

Ein französischeres Wort für E-Mail ist *courriel*. Es setzt sich aus *courrier* (Post) und der Endung -el (*électronique*) zusammen.

Exercice 1 : Les temps des verbes. Lesen Sie weiter und setzen Sie die Verben in der passenden Zeitform ein.

Paul a 29 ans. L'an dernier, il **1.** finir ________________ ses études de médecine et il **2.** travailler ________________ maintenant à l'hôpital Saint-Michel à Paris. Il veut être médecin depuis qu'il **3.** être ________________ enfant : quand il **4.** avoir ________________ sept ans, ses parents lui ont acheté la « malette du petit docteur ». Mais depuis qu'il **5.** finir ________________ ses études, Paul passe toute ses journées au travail , et il n'a pas beaucoup de temps pour chercher l'amour. C'est pour cette raison qu'il **6.** choisir ________________ une solution moderne.

Paul a 29 ans. L'an dernier, il a fini ses études de médecine et il travaille maintenant à l'hôpital Saint-Michel à Paris. Il veut être médecin depuis qu'il est enfant : quand il avait sept ans, ses parents lui avaient acheté la « **mallette du petit docteur** ». Mais depuis qu'il a fini ses études, Paul passe toutes ses journées au travail, et il n'a pas beaucoup de temps pour chercher l'amour. C'est pour cette raison qu'il a choisi une solution moderne...

Pour son profil sur Internet,

mallette *f* **du petit docteur**	Arztkoffer für Kinder

il devait se prendre en photo[i]. Ça n'a pas été facile au début, parce qu'il était un peu **maladroit**. Il a essayé de le faire tout seul. Mais il a eu des difficultés à régler le **retardateur** de son appareil photo, et les premières images le montraient de dos, puis fermant les yeux, ou bien en train de se relever pour aller régler l'appareil parce que la photo était trop lente à venir. Il avait finalement réussi : il était souriant, et simplement assis sur son canapé, avec son stéthoscope autour du cou. Comme ça, il ne risquerait pas d'**attirer** les **internautes** qui auraient peur des docteurs !

maladroit	ungeschickt
retardateur *m*	*hier:* Selbstauslöser
attirer	anlocken
internaute *m/f*	Internetnutzer(in)
se déguiser	sich verkleiden
farces *f pl* **et attrapes**	Scherzartikel

Célia n'avait pas peur des docteurs. Elle aussi s'était inscrite sur Internet pour essayer de trouver l'amour. Paul avait éclaté de rire en voyant sa photo quand elle lui avait envoyé le premier message :
« Toi, tu te **déguises** en médecin, alors moi, je me déguise en clown ! »

En effet, sur sa photo, Célia portait d'énormes lunettes achetées dans un magasin de **farces et attrapes** et un gros nez rouge. Paul s'était dit : « Pourquoi pas ! »
Car après tout, sur Internet, il avait écrit qu'il cherchait quelqu'un avec une vraie personnalité et de l'humour. Avec Célia, il était servi !

Achtung: „Ein Foto machen" heißt im Französischen nicht « faire une photo », sondern **prendre une photo** oder **prendre qc en photo**.

Il nous a pris en photo.	Er hat uns fotografiert.
J'ai pris des photos.	Ich habe Fotos gemacht.

Daneben gibt es auch noch das Verb **photograpier** („fotografieren").

Exercice 2 : Démêlez les mots. Bringen Sie die Buchstaben in die richtige Reihenfolge!

1. lifrop ______________________
2. leiparap ______________________
3. ranéc ______________________
4. letemalt ______________________
5. topho ______________________
6. tecurod ______________________

Juste avant de partir Paul se brosse les dents. Il fait très attention à ne pas mettre de **dentifrice** sur sa chemise grise ! Puis il prend son stéthoscope et le met dans son sac. Célia et Paul ont décidé quelque chose pour ce soir : chacun apportera un objet qui sera la preuve de son identité. Celui des deux qui arrivera le premier posera l'objet sur la table : le nez rouge pour Célia, et le stéthoscope pour Paul.

Exercice 3 : Trouvez le contraire. Finden Sie das Gegenteil der folgenden Begriffe!

1. rire ______________________
2. quelque chose ______________________
3. chercher ______________________
4. sur ______________________

Paul descend les escaliers de son appartement et arrive près de son **scooter**. Il met son casque tout en faisant attention à ne pas **se décoiffer**. Il tourne la **clé de contact**, mais son scooter ne **démarre** pas. Il sait que son véhicule est parfois **capricieux**. Mais au bout de quatre essais, toujours rien... Paul commence à douter. Il descend et essaie de **bricoler** un peu sa machine, même s'il n'y connaît rien. C'est comme ce réflexe ridicule qui pousse les gens qui n'ont aucune idée de mécanique, à soulever le **capot** de leur voiture quand elle est en panne : comme si la solution allait immédiatement leur sauter aux yeux. Et en général, tout le monde finit par[i] prendre son **portable** et appeler un garagiste... En touchant la chaîne, Paul se met de la **graisse** sur les mains et sur le bout de sa manche : une belle **tache** de graisse bien noire sur une chemise grise. Mais il n'a plus le temps de se changer, il faudra juste qu'il pense à ne pas retirer sa veste. Paul s'énerve et donne un coup de pied dans la roue arrière.

dentifrice *m*	Zahnpasta
scooter *m*	Motorroller
se décoiffer	sich das Haar zersausen
clé *f* **de contact**	Zündschlüssel
démarrer	anspringen, losfahren
capricieux	unzuverlässig, launisch
bricoler	basteln, tüfteln, werkeln
capot *m*	Motorhaube
portable *m*	Handy
graisse *f*	(Schmier-) Fett
tache *f*	Fleck

Die häufige Wendung **finir par faire qc** bedeutet soviel wie „schließlich/am Ende doch etwas tun":

J'ai fini par rester à Lille.	Schließlich bin ich (doch) in Lille geblieben.
On a fini par manger à la maison.	Am Ende haben wir doch zu Hause gegessen.
Ça finit par chiffrer.	Das geht ins Geld.

« Il ne manquait plus que ça !» se dit-il, et s'en va, un peu résigné. Un clochard qui a observé la scène lui crie :
« C'est la vie, mon vieux ! »

Exercice 4 : Traduisez. Bilden Sie französische Sätze mit *finir par*!

1. Schließlich hat er doch das graue Hemd angezogen.

____

____

2. Schließlich werden sie sich doch treffen.

____

____

3. Am Ende wird Paul die Métro nehmen.

____

____

4. Schlussendlich wird er es schaffen.

____

____

Paul court vers la première station de métro. Malheureusement c'est l'**heure de pointe** et de nombreuses personnes descendent les escaliers en même temps que lui. Dans les couloirs qui sentent mauvais (heureusement qu'il a mis du parfum !), des centaines de voyageurs sont arrêtés et regardent les écrans d'informations.

heure *f* **de pointe**	Hauptverkehrszeit

Exercice 5 : Démêlez les phrases. Bringen Sie die Wörter in die richtige Reihenfolge!

1. de | blanche | la | Paul | est | chemise

____

2. des | homme | cravates | d'affaires | un | porte

____

____

3. café | du | Paul | boit

____

4. démodée | vieille | est | chemise | cette

____

5. est | Paul | le | capricieux | de | scooter

____

6. la | met | se | graisse | il | les | mains | sur | de

____

____

« C'est la meilleure ! » s'écrie Paul en lisant ce message : *« En raison d'un mouvement de grève du personnel de la* ***RATP****, le trafic du métro et des bus sera très* ***perturbé*** *aujourd'hui »*. Et on le remercie pour sa compréhension ! Paul est furieux. Cette fois, il va être en retard, c'est sûr. Et il ne peut pas courir avec ses nouvelles chaussures en **cuir** : elles lui font déjà mal aux pieds. Paul se rappelle le slogan qu'il a souvent lu dans les magasines féminins qui **traînent** dans la salle de repos des médecins à l'hôpital : il faut souffrir pour être belle ! Il se dit qu'exceptionnellement, ça doit bien aussi être le cas pour lui aujourd'hui. Il devra donc attendre le métro. Il croise les doigts pour qu'il arrive vite.

RATP (Régie autonome des transports parisiens) *f*	öffentliche Pariser Verkehrsbetriebe
perturbé	gestört
cuir *m*	Leder
traîner	*hier:* herumliegen
déguisement *m*	Verkleidung
physique *m*	äußeres Erscheinungsbild

Célia, elle aussi, se prépare. Elle a remplacé le nez rouge par du maquillage discret. Contrairement à Paul, ce n'est pas son premier rendez-vous suite à une rencontre sur Internet. Elle connaît les règles du jeu. Elle espère qu'elle n'aura pas de problèmes sur son chemin : elle n'a pas donné son numéro de téléphone à Paul. Dans le passé, une trop grande confiance lui a déjà porté malheur[i]. On ne sait jamais, s'est-elle dit, un peu méfiante malgré la gentillesse de Paul. Grâce au **déguisement** qu'elle portait sur sa photo sur Internet, elle sait que Paul s'est intéressé à elle pour autre chose que son **physique**. Elle est donc impatiente de le rencontrer.

Das Wort *malheur* ist eines von zahlreichen französischen Wörtern, die den Weg in die deutsche Sprache gefunden haben.

Exercice 6 : Corrigez. Lesen Sie weiter und korrigieren Sie die sechs Fehler im folgenden Absatz!

En arrivant dans la métro, elle sort sa carte d'abonnement sur laquelle est noter son vrai prénom : Alice. Célia n'est qu'un pseudonyme, un masque sur son nom comme sûr son visage. Elle ne sait pas encore comment elle va expliquer sa à Paul... Mais elle n'a pas le temps d'y réfléchir, car comme lui au même moment, elle découvre la grève des transports, et elle comprend tout de suite qu'elle doit faire le chemin au pied. Et cela en courant, pour être le moin possible en retard.

1. ______________________________

2. ______________________________

3. ______________________________

4. ______________________________

5. ______________________________

6. ______________________________

Les **pavés** des rues de Paris sont **glissants**. Chacun des pas de la jeune femme fait un bruit de cheval. Mais les trottoirs sont aussi couverts d'**obstacles** : Paris est la capitale des amoureux, mais aussi des **crottes de chiens** ! En essayant d'en éviter une, le **talon** gauche de ses chaussures se casse ! « Ah non, non ! Tout mais pas ça ! » crie-t-elle.

Impossible de continuer à courir avec une jambe qui mesure six centimètres de moins que l'autre ! Elle n'a pas le choix : elle casse l'autre talon et transforme ses beaux talons hauts en ballerines. Un vrai sacrifice pour une fan de chaussure comme Alice. Mais « c'est la vie » se dit-elle en courant dans la rue.

pavé *m*	Pflasterstein
glissant	rutschig
obstacle *m*	Hindernis
crotte *f* **de chien**	Hundehaufen
talon *m*	Schuhabsatz
comptoir *m*	Tresen

Paul arrive aux café avec 45 bonnes minutes de retard. À l'intérieur du café, il regarde chaque table, dans l'espoir que Célia l'aura attendu. Mais après avoir fait deux fois le tour des tables, il réalise qu'il est arrivé trop tard. Il se dirige vers le **comptoir**, et s'adresse au patron : « Bonjour, est-ce que vous n'auriez pas vu une jeune fille attendre seule à une table avec un nez rouge de clown ?

– Ah non, pas de jeune fille... mais Groucho Marx et Charlie Chaplin ont pris une bière en terrasse cet après-midi » lui répond le patron en se moquant de lui.

Paul quitte le café un peu triste, mais il se dit qu'il ne peut pas être fâché contre Célia, et que lui, il n'aurait sans doute pas attendu non plus.

Trois minutes plus tard, Célia arrive en courant par l'autre côté de la rue. Elle rentre **à bout de souffle** dans le café et regarde partout à l'intérieur. Mais elle ne voit personne qui pourrait ressembler au jeune homme avec lequel elle a chatté sur Internet. Elle aussi pose une question qui semble étrange au patron :

Exercice 7 : Combinez. Welche der folgenden Satzteile gehören zusammen? Ordnen Sie zu!

1. ☐ Le médecin	**a)** se moque de Paul
2. ☐ La jeune femme	**b)** soigne ses malades
3. ☐ Le clochard	**c)** casse le talon de sa chaussure
4. ☐ Le patron du bar	**d)** tend la main dans la rue
5. ☐ Les pavés	**e)** est en retard
6. ☐ Paul	**f)** sont glissants

« Dites-moi, est-ce que vous n'avez pas vu un jeune homme avec un stéthoscope autour du cou attendre à une table ?

- Ah non, pas de jeune homme... Par contre, un homme avec un scalpel et une femme avec des **seringues** ont **joué aux fléchettes** dans l'arrière-salle » lui répond le patron, toujours aussi ironique.

à bout de souffle	außer Atem
seringue *f*	Spritze
jouer aux fléchettes	Darts spielen

Le lendemain soir, Paul a rendez-vous avec des amis pour

manger. Tout le groupe des anciens étudiants en médecine se retrouve une fois par mois dans le même restaurant, pour se parler des vieux souvenirs, et des nouveautés dans les différents hôpitaux où ils travaillent. Il y a Nathan, le meilleur ami de Paul, qui est cardiologue, Sophie, la copine de Nathan qui est infirmière dans le même hôpital que lui, et Franck, qui est **pédiatre**. Tout le monde attend Stéphanie qui travaille aux **urgences**, et donc qui est souvent en retard. Ce qui change ce soir, c'est qu'elle n'est pas seule. Avec elle est venue une grande jeune fille brune, qu'elle présente à tout le monde :

pédiatre *m/f*	Kinderarzt
urgences *f pl*	Notaufnahme

« Salut ! Voici Alice, c'est une copine d'enfance. Elle a un signe particulier : elle n'est pas médecin ! »

Exercice 8 : Passé composé. Unterstreichen Sie die richtige Variante!

1. Paul a terminé / est terminé ses études de médecine.
2. Ils s'ont rencontrés / se sont rencontrés l'an dernier.
3. Paul et Alice ont faites / ont fait connaissance.
4. Les jeunes filles sont allées / sont allé au cinéma.
5. Alice est venu / est venue avec Stéphanie.

Tout le monde sourit autour de la table et salue Alice. Paul en particulier, à qui elle fait tout de suite une très agréable impression. Il lui fait la bise et sent qu'il **rougit** un peu comme un adolescent. Il espère que personne ne s'en apercevra, ou bien que cela pourra avoir l'air « **touchant** ». Il a appris par certaines de ses discussions sur Internet que les femmes aimaient parfois un peu de timidité chez les hommes. Au moins comme ça elles étaient sûres de ne pas tomber sur un macho ⓘ !

rougir	erröten
touchant	rührend
captivant	spannend
coup *m* **de foudre**	Liebe auf den ersten Blick
moqueur	spöttisch

Le repas commence avec les habituelles anecdotes médicales. C'est souvent Stéphanie, aux urgences, qui raconte les histoires les plus **captivantes**. Tout le monde bavarde, boit et rit de bon cœur. Alice et Paul discutent d'autre chose de leur côté. Ils sont assis l'un près de l'autre, et pendant que tout le groupe parle vivement, ils ont commencé à se raconter leurs vies. Paul est très étonné de s'apercevoir à quel point ils s'entendent bien. C'est sans doute la première fois qu'en rencontrant quelqu'un, il a l'impression qu'ils se connaissent depuis longtemps. Ils partagent les mêmes goûts et les mêmes envies. Paul commence à croire que l'expression « **coup de foudre** » peut avoir un sens.

„Macho" - ein internationales Substantiv. Im Französischen kann es aber auch als Adjektiv auftreten und das *comportement macho* eines solchen bezeichnen.

Lorsque le repas se termine Paul et Alice partent de leur côté, saluant de loin les autres membres du groupe qui leur envoient des sourires **moqueurs**. Paul veut raccompagner Alice. Il a prétexté qu'à cause de la grève du métro qui durait depuis hier, il ne voudrait pas laisser rentrer une jeune fille toute seule chez elle le soir.

Exercice 9 : Mots cachés. Finden Sie im Gitternetz zehn Begriffe, die in der Handlung vorkommen!

U	R	G	E	N	C	E	S	E	O
Q	U	R	M	E	D	E	C	I	N
P	E	E	C	Z	I	T	O	G	O
E	U	V	A	T	A	L	O	N	I
U	R	E	P	I	O	H	T	I	L
R	E	S	O	I	G	N	E	R	O
D	J	U	T	L	E	C	R	A	N

1. ______

2. ______

3. ______

4. ______

5. ______

6. ______

7. ______

8. ______

9. ______

10. ______

ascenseur *m*	Fahrstuhl
serrure *f*	Schloss
tire-bouchon *m*	Korkenzieher
tiroir *m*	Schublade
indiquer	(an-)zeigen, hinweisen

Ils parcourent les rues de Paris en continuant à se raconter des choses de leur vie. C'est surtout Paul qui parle. Ils remontent l'avenue des Champs-Élysées en regardant à travers les boutiques fermées. Environ un kilomètre plus loin, ils sont devant l'immeuble d'Alice. Paul à ce moment ne sait pas vraiment s'il faudrait oser quelque chose, mais c'est Alice qui le fait à sa place : elle lui propose de monter chez elle prendre « un dernier verre ». Paul lui fait un large sourire et accepte.

Exercice 10 : Les verbes. Lesen Sie weiter und setzen Sie die korrekte Verbform ein!

Dans l'ascenseur il y a une étrange et délicieuse tension.

1. Arriver ________________ en haut, Alice tourne la clé dans la **serrure** et **2.** souhaiter ________________ à Paul la bienvenue chez elle. Elle lui propose de s'asseoir sur le canapé, et **3.** aller ________ chercher une bouteille de vin blanc. Elle **4.** revenir ____________ dans le salon, mais elle a oublié le **tire-bouchon**. Paul la **5.** prier ________ de rester **6.** asseoir ____________ et dit qu'il va aller le chercher dans la cuisine.

« C'est dans le **tiroir** à droite » lui **indique** Alice.

Dans la cuisine, Paul regarde à gauche et à droite. Il est nerveux et a déjà oublié ce qu'Alice vient de lui dire. Il ouvre l'un des tiroirs **à tout hasard**. Ce n'est pourtant pas le bon : pas de tire-bouchon. Au lieu de cela, Paul y découvre un déguisement qu'il connaît bien : au milieu d'un désordre **d'articles ménagers** se trouve un gros nez rouge de clown et des lunettes de farces et attrapes…

à tout hasard	wahllos, auf gut Glück
articles *m pl* **ménagers**	Haushaltswaren

Une oasis inattendue

Tim Pirard

Encore des vacances confortables dans un pays chaud. Pendant que Martine préfère se reposer au bord de la piscine de l'hôtel marocain, Thierry a envie d'un peu d'« aventure organisée » : une excursion guidée dans le désert. Contre toute attente, Martine et Thierry se trouveront vite perdus au milieu d'une culture étrange. Une culture qui ne leur a jamais été aussi proche...

Martine : elle a trente-cinq ans et travaille à Lille comme secrétaire. Elle est très habituée aux avantages de sa vie en ville.

Thierry : son mari. Il a trente-huit ans et travaille à Lille, comme sa femme. Ayant payé cher le voyage, il veut profiter au maximum des offres touristiques.

Au bord de la piscine, le serveur apporte le cocktail de Martine avec un grand sourire un peu forcé, et en disant avec un fort accent marocain :
« Votre cocktail, Madame, s'il vous plaît. »
Martine enlève ses lunettes de soleil pour remercier le jeune homme en lui faisant un **clin d'œil**.

Quel bonheur de **se faire bronzer** en plein mois de septembre, alors que tous les autres en France ont déjà repris le travail ! Martine et son mari Thierry font ça tous les ans : ils partent après la pleine saison, et se payent le luxe d'une formule « tout compris » dans un confortable hôtel sous le soleil du Maroc, de la Turquie ou d'autres pays du Sud. Ils **économisent** durant toute l'année pour pouvoir se sentir un peu privilégiés, et oublier tous leurs soucis pendant quinze jours. Ils ont pris l'avion près de Lille, où ils habitent et travaillent. Elle comme secrétaire chez un avocat, et lui comme **comptable** dans une entreprise de **transport routier**. Le climat agréable du Maroc contraste avec le mauvais temps du nord de la France.

clin *m* **d'œil**	Augenzwinkern
se faire *irr* **bronzer**	sich bräunen
économiser	sparen
comptable *m/f*	Buchhalter(in)
transport *m* **routier**	Güterkraftverkehr
publicité *f*	Werbung

Pendant que Martine se fait bronzer, Thierry se renseigne discrètement sur une excursion dans le désert. Il avait vu la **publicité** dès leur arrivée à l'hôtel. Il y a longtemps qu'il a envie de faire cela. Depuis des années, ils ne font que profiter des services des hôtels, sans jamais avoir vraiment visité le pays. Thierry aimerait faire la connaissance d'autres personnes que de touristes, alors que Martine trouve qu'ils découvrent déjà suffisamment de cultures différentes en discutant à table avec des touristes de toutes nationalités. L'an dernier par exemple, ils avaient rencontré un couple d'Anglais vraiment sympathique (heureusement qu'ils parlaient français !), avec lequel ils avaient gardé contact.

> **En discutant** ist eine **Gérondif**-Konstruktion, die auch durch einen Nebensatz mit **pendant que** umschrieben werden kann:
>
> pendant que j'attends → en attendant
> pendant que tu manges v en mangeant
> pendant qu'on discute → en discutant

Exercice 1 : Définitions. Ordnen Sie den Gegenständen die passende Definition zu!

1. ☐ réception	**a)** on peut y nager
2. ☐ piscine	**b)** on peut s'y laver
3. ☐ bar	**c)** chambre pour un couple
4. ☐ chambre simple	**d)** accueil de l'hôtel
5. ☐ salle de bain	**e)** chambre pour une personne
6. ☐ chambre double	**f)** on peut y prendre un verre

Mais cette année, Thierry a envie d'un peu d'aventure. Il sait que Martine ne sera probablement pas d'accord pour faire une expédition ailleurs qu'autour de la piscine : il prépare donc cela en secret. Il a choisi une excursion en groupe dans le désert : un trajet en **4x4** qui reliera Marrakech à Ouarzazate, à 190 km plus au sud-ouest. Les brochures publicitaires expliquent que cette ville est **surnommée** la « porte du désert ». Thierry imagine déjà les paysages de dunes et d'oasis comme il en voyait en regardant le Paris-Dakar. 15 touristes feront le voyage, dans quatre voitures climatisées avec chauffeur. Thierry trouve que pour 60 euros par personne, ce n'est pas trop cher. Ils ont économisé toute l'année, c'est le moment d'en profiter.

4x4 *m*	Offroadfahrzeug, Geländewagen
surnommer	(be)nennen
s'ennuyer *irr*	sich langweilen
rassurer	beruhigen

Exercice 2 : Corrigez. Lesen Sie weiter und finden Sie die sieben Fehler im folgenden Abschnitt.

Le soir, la couple mangent comme tous les soirs au buffet du hôtel. C'est la que Thierry décide d'annoncer à Martine la surprise qu'il lui a réservé :

Le soir, le couple mange comme tous les soirs au buffet de l'hôtel. C'est là que Thierry décide d'annoncer à Martine la petite surprise qu'il lui a réservée :
« Ma chérie, commence-t-il, j'espère que tu ne **t'ennuies** pas trop à l'hôtel.
– Non, je te **rassure**, tout va bien. Je me repose, j'en ai besoin. Ça me fait du bien de ne plus penser au travail. Je crois que cette année mon bronzage va rendre jalouse ma patronne !

poterie *f*	Töpferei
souk *m*	Basar
médina *f*	Medina, Altstadt nordafrikanischer Städte

– Bon tant mieux. Mais... est-ce que tu n'aurais pas envie de faire un peu autre chose ?
– Autre chose ? répond-elle étonnée, comme quoi par exemple ? Tu veux qu'on participe à la compétition de mini-golf de l'hôtel ? Ou à l'atelier « **poterie** marocaine » ? »

Exercice 3 : Vrai ou faux ? Markieren Sie mit richtig ✓ oder falsch — !

1. Martine a envie d'un peu d'aventure cette année. ❐
2. Le couple français mange au buffet tous les soirs. ❐
3. Thierry trouve que l'excursion coûte trop cher. ❐
4. Martine s'ennuie au bord de la piscine. ❐

Thierry sent bien que ce ne sera pas facile de convaincre Martine de son idée :
« Oui... la poterie si tu veux... Mais je pensais à quelque chose de plus exotique, comme par exemple une petite excursion...
– Oh, oui, si tu veux, pourquoi pas... On peut aller visiter le **souk de la médina** de Marrakech. Je crois qu'il y a des visites guidées. Parce que pas question de s'y aventurer tout seuls !
– Oui, le souk... c'est bien... Et pas tout seuls bien sûr... Mais si nous sortons de l'hôtel, on peut bien aller plus loin, non ?
– Plus loin ? Mais pourquoi faire ? Qu'est-ce que tu veux voir dans les environs à part des cailloux et du sable ! Si c'est pour

voir ça, on n'a qu'à aller sur la plage de Dunkerque près de chez nous !

– Eh bien pourtant, on va quand même **sortir des sentiers battus**, dit Thierry. J'ai réservé une excursion jusqu'à Ouarzazate, que ça te plaise, ou non ! »

sortir *irr* **des sentiers battus**	neue Wege gehen
faire *irr* **les cent pas**	auf und ab gehen

Cette nouvelle a mis Martine de mauvaise humeur pour le reste de la soirée…

Exercice 4 : Verbes réflechis. Bilden Sie Sätze im Passé composé anhand der vorgebenenen grammatikalischen Eckdaten.

1. nous s'ennuyer

____

2. vous ne pas s'occuper

____

3. elles s'aventurer

____

4. tu ne pas se préparer

____

Le lendemain, Thierry est déjà prêt depuis longtemps alors que Martine continue de se préparer. Il est presque 10h30, et le départ est prévu à 11h. Elle s'occupe pour l'instant de son maquillage, alors que Thierry **fait les cent pas** dans la chambre, testant ainsi ses nouvelles **chaussures de randonnée** spécialement achetées pour l'occasion.

Après le maquillage, elle passe un bon moment à essayer différentes coiffures, cherchant à savoir si elle doit se protéger le **cou** du soleil en laissant ses cheveux **détachés**, ou si au contraire il vaut mieux les attacher pour qu'elle ait moins chaud. Thierry regarde sa montre toutes les deux minutes en répétant qu'ils risquent d'être en retard.

chaussures *f pl* **de randonnée**	Wanderschuhe
cou *m*	Hals
détaché	*hier:* offen (Haar)
accueillir *irr*	empfangen
avoir *irr* **honte**	sich schämen

Vingt minutes plus tard, Martine est enfin prête. Aumoment où Thierry ferme la porte de la chambre elle s'écrie :
« La crème solaire ! J'ai oublié la crème solaire ! »

Exercice 5 : Corrigez. Lesen Sie weiter und korrigieren Sie die sechs Fehler im folgenden Absatz!

Et quand ils arrive dans le hall de l'hôtel, point de depart de l'excursion, ils ne trouvent pas le guide qui devais les **accueillir**. Thierry court a la réception : ce qu'il craignait a arrivé, la groupe ne pouvait plus attendre et il ai parti sans eux ! Thierry est en colère, alors que Martine ressent plutôt une sorte de soulagement, mélangé à un peux de **honte**.

1. ______________________________

2. ______________________________

3. ____

4. ____

5. ____

6. ____

7. ____

8. ____

Mais Thierry ne se laisse pas décourager : maintenant qu'il est prêt, avec son sac à dos rempli du matériel nécessaire, pas question de **renoncer**. Avec ou sans guide, ils feront cette excursion ! Il pose d'autres questions au réceptionniste, pendant que Martine se dirige déjà vers la piscine. Une demi-heure plus tard, Thierry lui montre un **trousseau de clés** : il a loué une voiture équipée d'un GPS, et il a demandé quelques explications : ils peuvent très bien faire la route tout seuls, car à l'exception de quelques endroits, le parcours n'est pas dangereux, s'ils restent bien sur la route. Martine soupire, mais accepte de suivre son mari.

renoncer	verzichten, zurücktreten
trousseau *m* **de clés**	Schlüsselbund

Die Wendung **avoir l'air** findet sich häufig im Französischen. Man drückt damit aus, dass etwas einen bestimmten Eindruck macht:

avoir l'air triste	traurig wirken/aussehen
avoir l'air ailleurs	geistesabwesend scheinen/sein

Le 4x4 de location n'est plus tout jeune mais il a l'air[i] solide. Il affiche

presque 200 000 kilomètres au **compteur**, mais le loueur assure que les révisions nécessaires sont faites régulièrement. Pendant que Martine se remet du rouge à lèvres en se regardant dans le **rétroviseur**, Thierry programme le GPS : celui-ci **indique** deux heures et demie de route jusqu'à Ouarzazate. Thierry tourne la **clé de contact** et le moteur se met en marche. Le GPS indique d'une voix monotone : « Dans 300 mètres, tournez à droite ».
Thierry suit précisément les informations pour sortir de la ville : les rues étroites et **encombrées** de touristes sont un vrai **calvaire**. Il faut faire attention partout à ne pas écraser quelqu'un ou renverser une **charrette**. Ils mettent plus d'une demi-heure à sortir de la ville.

compteur *m*	*hier:* Kilometerzähler
rétroviseur *m*	Rückspiegel
indiquer	(an-)zeigen, hinweisen
clé *f* **de contact**	Zündschlüssel
encombré	versperrt, verstopft
calvaire *m*	Martyrium
charrette *f*	Karren
ϟ **gamin** *m*	Kind
mosquée *f*	Moschee

Dès les premiers kilomètres, la route se transforme en une piste pleine de pierres qu'il faut éviter, et le paysage change lui aussi : il y a maintenant de tout petits villages. Thierry roule doucement pour profiter un peu des détails qu'il n'a jamais vus : les faça-des colorées des maisons basses, les petits magasins sans clients au bord de la route, les **gamins** qui jouent au foot pieds nus dans le sable. Martine fait quelques commentaires pleins de pitié sur la pauvreté des gens. Thierry pense plutôt à la richesse culturelle du pays en passant devant une **mosquée** blanche et bleue. Le GPS n'indique plus de changement de direction : c'est la seule route qui va de Marrakech vers le sud du pays, droit devant soi au milieu du sable.

Thierry pense que le paysage est vraiment magnifique. Il est 14h et le soleil est au plus haut. Au loin, l'horizon est **flou** à cause de la chaleur : la route semble trembler, et les premières montagnes rouges ont l'air de danser au-dessus du sable. Heureusement que la voiture est climatisée. Martine fait le premier commentaire positif de la journée : elle trouve cela joli. La voiture monte une première **colline** avec quelques difficultés. La descente est plus facile.

flou	verschwommen
colline *f*	Hügel

Exercice 6 : Combinez. Welche der folgenden Satzteile gehören zusammen? Ordnen Sie zu!

1. ☐ la voiture	**a)** indique le trajet
2. ☐ le GPS	**b)** démarre le moteur
3. ☐ le conducteur	**c)** est encombrée
4. ☐ la route	**d)** avance sur la route
5. ☐ Thierry	**e)** jouent au foot
6. ☐ les gamins	**f)** roule doucement

Ils sont aux deux tiers du parcours, quand Thierry décide de s'arrêter en haut d'une petite montagne : il dit qu'il doit faire une pause, car conduire est fatigant. Il coupe le moteur et descend de la voiture. Tout autour d'eux il y a un paysage jaune et orange, absolument désert. Les villages sont loin derrière eux.

À moins d'un kilomètre, Thierry aperçoit quelque chose qui bouge : il n'en croit pas ses yeux, on dirait une caravane de **chameaux** ! Martine est restée au frais dans la voiture, elle regarde autour d'elle à travers les vitres. La beauté du paysage et surtout la climatisation de la voiture lui donnent le sourire. Quelques minutes plus tard, Thierry remonte dans la voiture. Mais au moment de **démarrer**, le moteur fait un drôle de bruit. Après plusieurs essais, il repart enfin. Thierry est soulagé. Mais au bout de dix mètres, une épaisse fumée blanche apparaît devant le **pare-brise** et la voiture s'arrête. Thierry se brûle un peu les mains en ouvrant le **capot** et découvre le problème : à cause de la chaleur, un **tuyau** du moteur a **fondu** et un liquide coule partout sur le moteur brûlant, puis **s'évapore** ; la fumée commence à monter haut dans le ciel ! C'est la catastrophe !

Exercice 7 : Démêlez les phrases. Entwirren Sie die folgenden Sätze.

1. envie vacances n'a Martine pas en aventures des

____

2. pu Martine le n'a et attendre Thierry groupe pas

____

3. Martine en joli à trouver le route, commence paysage

____

4. c'est du d'avoir milieu une dangereux panne au désert

____

« Je t'avais bien dit que c'était une mauvaise idée ! crie Martine, paniquée. On est perdu en plein milieu du désert ! Comment va-t-on faire maintenant ?
– Donne-moi le téléphone portable au lieu de dire n'importe quoi, répond froidement Thierry, qui commence à être énervé par sa femme. »
Mais il ne **s'est** pas **rendu compte** qu'ils se trouvent vraiment au milieu de **nulle part** : il n'y a pas de **réseau** de téléphone. Mais Thierry ne se laisse pas **décourager** : c'est souvent dans les situations d'urgences qu'on a les meilleures idées. Thierry attrape le GPS et cherche une solution : il y a un petit village à 10 kilomètres. Peut-être que là-bas ils pourront trouver un garagiste, ou au moins un téléphone pour appeler **l'agence de location de voitures**, pour que quelqu'un vienne les chercher. Thierry pense qu'en marchant dans le sable, il leur faudra entre quatre et cinq heures pour y arriver. Ils y seront donc juste avant la nuit. Thierry est content d'avoir acheté des bonnes chaussures de marche. Il explique son plan à Martine qui semble horrifiée à l'idée de devoir sortir de la voiture.
« On n'a pas le choix », dit-il pour conclure.
Ils embarquent le GPS et abandonnent la voiture en plein désert.

chameau *m*	Kamel
démarrer	losfahren, anspringen
pare-brise *m*	Windschutzscheibe
capot *m*	Motorhaube
tuyau *m*	Schlauch
fondre *irr*	schmelzen
s'évaporer	verdunsten
se rendre *irr* **compte**	sich bewusst werden, merken
nulle part	nirgendwo
réseau *m*	Netz
décourager	entmutigen
agence *f* **de location de voitures**	Autovermietungsunternehmen

Exercice 8 : Les verbes. Lesen Sie weiter und setzen Sie die korrekte Verbform ein!

La marche dans le sable et les cailloux **1.** être ______________ rapidement très fatigante. Le mieux est de regarder droit devant soi, pour se donner du courage. À chaque pas, leurs pieds **s'enfoncent** de quelques centimètres dans le sable brûlant. Martine n'arrête pas de se plaindre: elle **2.** avoir ______________ trop chaud, elle a mal aux pieds, elle est fatiguée... Thierry **3.** souffrir ______________ aussi, mais au fond de lui, il **4.** savoir ______________ que ce n'est pas si grave, et il se force à penser que plus tard, cela **5.** faire ______________ une histoire à raconter à ses amis qui le **6.** prendre ______________ sans doute pour un héros.

Au bout de deux heures de marche, le GPS fait un bip : il n'a plus de batterie, et subitement, il **s'éteint**. Cette fois Thierry est vraiment inquiet. Ils sont à peu près à deux kilomètres du village, qui est droit devant eux derrière une petite colline, mais la nuit commence à tomber. Et dans le désert, les différences de température sont énormes entre le jour et la nuit. Après la chaleur brûlante de la journée, c'est

le froid **glacial** qui commence à se faire sentir. Thierry n'avait pas prévu de prendre un pull-over.
Il faut continuer à marcher. Thierry essaie d'avancer droit devant lui sans GPS. Il avait pris une dune comme **point de repère** à l'horizon, mais la nuit tombe de plus en plus et transforme tout en **ombres**. Devant lui, il n'y a plus que du sable.

s'enfoncer	einsinken
s'éteindre *irr*	*hier:* ausgehen (Gerät)
glacial	eisig
point *m* **de repère**	Orientierungspunkt
ombre *f*	Schatten
plainte *f*	Beschwerde, Klage

Exercice 9 : Vrai ou faux ? Sind die folgenden Aussagen korrekt? Markieren Sie mit ✓ oder —.

1. Le 4x4 de location est tout jeune. ❐
2. Ce sont deux heures et demie de route jusqu'à Ouarzazate. ❐
3. La voiture louée n'a pas de climatisation. ❐
4. Thierry et Martine ont oublié leurs téléphones portables. ❐

« Tu es bien sûr qu'on va dans la bonne direction ? » demande Martine, plus gentiment que d'habitude. Elle a vraiment peur et elle sait que son mari est sa seule chance de survivre.
« Oui, ne t'inquiète pas » ment Thierry, à la fois pour ne pas devoir supporter une nouvelle **plainte** de sa femme, et aussi un peu pour se rassurer lui-même.

En réalité il n'en sait rien, il avance **à tout hasard**, il a de plus en plus froid, et il a mal aux pieds à force de s'enfoncer dans le sable.
Il commence à être très fatigué : il n'a pas l'habitude de faire du sport.

Exercice 10 : Supprimez l'intrus. Welches Wort ist das schwarze Schaf? Unterstreichen Sie!

1. chameau poterie sable désert
2. pare-brise tuyau route capot
3. hôtel piscine cocktail excursion
4. Maroc France Turquie Belgique
5. surprise habitude aventure excitation

Après quelques centaines de mètres difficiles, Thierry est prêt à dire à sa femme qu'ils sont perdus, et qu'il vaut mieux économiser leurs forces en essayant de dormir, l'un contre l'autre pour se tenir chaud, et repartir le lendemain matin. Mais tout à coup, sur sa droite, il voit des flammes qui semblent **flotter** dans les airs. Pendant une seconde, il croit à une hallucination à cause de la fatigue, ou à un des fameux **mirages** du désert. Mais non, les flammes se rapprochent et Martine lui confirme qu'elle les voit aussi en hurlant de peur :

à tout hasard	wahllos, auf gut Glück
flotter	schweben
mirage *m*	Fata Morgana

Exercice 11 : Traduisez et complétez. Ergänzen Sie den folgenden Textabschnitt mit den passenden Begriffen auf Französisch, wenn nötig, konjugieren Sie sie oder gleichen Sie sie an.

Finger | Mörder | schüchtern | Vorname | besorgt

Haut | Diebe | Kamele | zugeben

Thierry comprend que ce sont des hommes montés sur des 1. ________. À quelques mètres de lui, la caravane s'arrête, et un homme à la 2. ________ sombre, habillé en blanc, descend de son chameau. Thierry s'avance 3. ________ vers lui en lui tendant la main. L'homme fait la même chose, prend la main de Thierry, et pose la sienne sur son 4. ________ en disant « Salamalikoum ». Ce ne sont ni des 5. ________ ni des 6. ________. Thierry est 7. ________. Même s'il ne l' 8. ________ pas, lui aussi il a été 9. ________. Après tout, on ne sait jamais... Thierry, lui non plus, ne connaît pas le 10. ________, ni les gens qui y vivent. Thierry se designe du 11. ________ et dit son 12. ________.

« Thierry ! Là ! Au secours ! Regarde : des fantômes, des **assassins** ou des voleurs ! Viens vite ! Il faut partir !
– Partir où ? » répond Thierry en se dirigeant vers les lumières. Pendant qu'il avance il se dit :
« Si ce sont bien des voleurs, ils vont nous **rattraper** de toute façon. Mais si ce n'est pas le cas, alors ils peuvent peut-être nous aider. »
Thierry comprend que ce sont des hommes montés sur des chameaux. À quelques mètres de lui, la caravane s'arrête, et un homme à la peau sombre, habillé en blanc, descend de son chameau. Thierry s'avance timidement vers lui en lui tendant la main. L'homme fait la même chose, prend la main de Thierry, et pose la sienne sur son cœur en disant « Salamalikoum ». Ce ne sont ni des assassins ni des voleurs. Thierry est soulagé. Même s'il ne l'avoue pas, lui aussi il a été inquiet. Après tout, on ne sait jamais ... Thierry, lui non plus, ne connaît pas le désert, ni les gens qui y vivent. Thierry **se désigne** du doigt et dit son prénom.
« Aziz » répond l'homme.
Martine est restée derrière, elle a autant peur des chameaux que des gens. Thierry se souvient de la brochure de l'hôtel et lui explique :
« Ce sont sûrement des **Berbères**, c'est-à-dire des nomades qui ont des **troupeaux** de chèvres et de chameaux. Ce ne sont ni des voleurs, ni des terroristes, et encore moins des fantômes !
– Oui, mais on ne sait jamais », répond Martine, malgré tout

assassin *m/f*	Mörder(in)
rattraper	*hier:* einholen
se désigner	*hier:* auf sich zeigen
Berbères *m/f pl*	Berber (Angehörige eines nordafrikanischen Stamms)
troupeau *m*	Herde
voilé	verschleiert
s'incliner	sich verbeugen
flatté	geschmeichelt

un peu méfiante. Elle s'avance un peu. Les hommes **voilés s'inclinent**. Elle est **flattée**.

Exercice 12 : Mots cachés. Finden Sie im Gitternetz zehn Begriffe, die in der Handlung vorkommen!

P	A	Y	S	A	G	E	M	S	P
B	E	V	O	D	A	U	G	A	O
R	X	A	F	E	M	M	E	B	T
O	C	C	A	S	I	O	N	L	E
N	U	A	S	E	N	T	I	E	R
Z	R	N	O	R	S	E	B	V	I
E	S	C	J	T	L	U	X	E	E
R	I	E	M	S	O	R	T	I	R
M	O	S	O	L	E	I	L	O	G
E	N	E	R	V	E	G	E	L	E

1. ______________________ 6. ______________________

2. ______________________ 7. ______________________

3. ______________________ 8. ______________________

4. ______________________ 9. ______________________

5. ______________________ 10. ______________________

Les nomades offrent de l'eau aux Français. Thierry trouve que cette **gorgée** d'eau est meilleure que le meilleur des vins de Bordeaux. Il essaie de faire comprendre qu'ils ont besoin de téléphoner. Le chef fait un signe négatif de la tête, puis montre un cheval : ici, le seul moyen de communiquer, c'est de le faire directement en **se déplaçant.**

gorgée *f*	Schluck
se déplacer	sich fortbewegen
campement *m*	Lager
pollution *f*	Verschmutzung

Thierry se frotte les bras en montrant qu'il a froid, puis met ses deux mains jointes contre sa joue et ferme les yeux : il demande en silence si les Berbères peuvent les accueillir pour la nuit. Le chef fait un sourire et hoche la tête.
Martine réagit :
« Tu ne veux quand même pas qu'on dorme dans le **campement** de ces étrangers? Et s'ils faisaient semblant d'être gentils pour mieux nous voler pendant qu'on dort ? Tu y as pensé ?
– Est-ce que tu as une meilleure solution à proposer ? Tu préfères dormir sur le sable ? Et puis qu'est-ce que tu veux qu'ils nous volent ? Tes chaussures de touriste ? Un GPS qui n'a plus de batterie ? Un téléphone portable alors qu'il n'y a pas de réseaux ? Moi en tout cas, je vais avec eux. C'est notre dernière chance. »
Martine réfléchit une seconde. Puis elle dit :
« D'accord, je viens avec toi et ces étrangers. Mais s'il nous arrive quelque chose, je t'aurai prévenu ! »

La nuit tombe et le ciel est incroyablement clair : les Français découvrent dans le ciel des étoiles inconnues. Sans la **pollution** des villes européennes, la nuit du désert contient au moins le double d'étoiles. Le chef berbère regarde souvent le ciel pour guider ses hommes. Les étoiles semblent bien plus précises que le GPS. Au bout d'une demi-heure, des lumières apparaissent au loin sur le sable : c'est le campement. Au milieu des tentes, quelques hommes se réchauffent près d'un grand feu. Les Français sont accueillis avec un peu de curiosité et beaucoup de bienveillance. Une femme leur apporte une assiette de soupe de **pois chiches** avec de la viande de mouton. Martine, qui n'avait rien mangé au petit déjeuner parce qu'elle fait un **régime**, mourait de faim. Elle accepte son assiette avec un immense plaisir.

« Tant pis pour les kilos en trop ! » se dit-elle.

pois chiches *m pl*	Kichererbsen
régime *m*	Diät

Exercice 13 : Traduisez et conjuguez. Lesen Sie weiter und vervollständigen Sie den Text mit den Verben in der korrekten Form!

erzählen schauen realisieren finden essen retten

Après avoir 1. ______, le groupe s'installe. Le chef 2. ______ aux femmes comment ils ont 3. ______ par hasard les Français en plein désert. Par moment, les Berbères 4. ______ en direction des Français qui 5. ______ que ces derniers leur ont 6. ______ la vie.

« Heureusement qu'on a rencontré ces étrangers, dit Martine. Je crois qu'on a vraiment eu de la chance cette fois. »
Certains hommes commencent à faire de la musique. Au **son** des instruments traditionnels, tout le monde commence à danser autour du feu. Les femmes chantent et **frappent dans leurs mains**. Martine les imite.

son *m*	Klang
frapper dans ses mains	in die Hände klatschen
Est-ce que tu m'accordes cette danse?	Darf ich um diesen Tanz bitten?
espèce *f*	Art

Exercice 14 : Autrement dit. Finden Sie Synonyme zu den folgenden Begriffen aus der vorhergehenden Geschichte.

1. boulot ______________________

2. trésor ______________________

3. navigateur automobile ______________________

4. froid sibérien ______________________

Les morceaux de musique se suivent. Les hommes dansent d'un côté, et les femmes de l'autre. Martine se lève(i) soudain, et tend la main à Thierry. Celui-ci hésite.
« **Est-ce que tu m'accordes cette danse**, mon chéri ? » lui demande-t-elle avec un sourire.
Thierry est étonné, mais accepte. Ils commencent une **espèce** de tango. Les Berbères les regardent au début avec surprise. Puis le chef s'avance vers sa femme, et le couple essaie d'imiter

les Français, qui leur expliquent avec des gestes comment danser.

Das Verb **lever** ändert seine Schreibweise innerhalb des Konjugationsschemas folgendermaßen:
je me **lè**ve
tu te **lè**ves
il, elle se **lè**ve
nous nous **le**vons
vous vous **le**vez
ils, elles se **lè**vent

« Tu penses toujours que ce sont des assassins ? demande Thierry à sa femme.

– Non, les assassins ne connaissent pas aussi bien la musique » répond Martine avec un sourire.

Bien plus qu'au bord de la piscine, c'est ici qu'elle oublie ses petits soucis français, ainsi que la voiture de location perdue au milieu du désert.

Test final

Test final

Exercice 1 : Définitions. Finden Sie den richtigen Begriff!

1. Un homme qui travaille dans une fabrique est un...

   ....

2. Quelqu'un qui s'intéresse à tout est...

   ....

3. Une chose nouvelle est une...

   ....

4. Un cheval féminin est une...

   ....

5. Le père Gaston est un...

   ....

6. Pour lancer le moteur d'une voiture il faut de l'...

   ....

Exercice 2 : Devinette. Übersetzen Sie und enträtseln Sie das Lösungswort!

1. altmodisch _ _ _ ☐ _ _
2. Handy _ _ _ _ _ ☐ _ _
3. Verkleidung _ _ _ _ _ ☐ _ _ _ _ _
4. rutschig _ _ _ _ _ _ _ ☐
5. rührend _ _ _ _ _ ☐ _ _
6. Fahrstuhl _ _ ☐ _ _ _ _ _ _
7. erleichtert _ _ _ ☐ _ _ _
8. Zahnpasta _ ☐ _ _ _ _ _ _ _ _

Lösung: ☐☐☐☐☐☐☐☐

Exercice 3 : Combinez. Ordnen Sie die Gegenstände den Orten zu, an denen man sie findet!

1. ☐ capot	a) montagne
2. ☐ myrtille	b) désert
3. ☐ instituteur	c) hôpital
4. ☐ chameau	d) forêt
5. ☐ paroi	e) voiture
6. ☐ pédiatre	f) école

Exercice 4 : Pronoms. Ersetzen Sie die unterstrichenen Wörter durch die entsprechenden Pronomen!

1. Thierry et Martine ont fait l'excursion.

   ……………………………………………………………………………….

2. Les vacances se sont bien passées.

   ……………………………………………………………………………….

3. Les Français ont vu les Berbères.

   ……………………………………………………………………………….

4. Le chameau a fait peur à Martine.

   ……………………………………………………………………………….

5. Thierry a dansé avec sa femme.

   ……………………………………………………………………………….

6. Les Berbères ont accueilli les Français.

   ……………………………………………………………………………….

Exercice 5 : Mots cachés. Finden Sie im Gitternetz acht Begriffe, die in « Randonnée mortelle » vorkommen!

G	E	X	C	O	L	I	M	A	N
U	S	A	C	C	I	D	E	N	T
E	C	S	T	A	P	E	U	F	S
R	A	O	D	E	L	O	R	A	N
R	L	P	A	T	L	U	T	L	C
E	A	A	S	S	P	I	R	U	A
R	D	L	T	E	N	T	E	J	M
I	E	S	O	P	V	A	S	R	I
C	D	C	M	L	T	U	L	I	O
M	O	N	T	A	G	N	E	S	N

1. ______________________ 5. ______________________

2. ______________________ 6. ______________________

3. ______________________ 7. ______________________

4. ______________________ 8. ______________________

Exercice 6 : Mots croisés. Finden Sie die gesuchten Begriffe und lösen Sie das Kreuzworträtsel!

Horizontal

2. pour ouvrir une porte ou démarrer une voiture

4. On en met sur une chaîne de vélo ou de scooter.

5. moyen de transport souterrain

6. symbole de l'amour

Vertical

1. pâte que l'on met sur la brosse à dent

2. peau d'animal pour faire des chaussures ou des vêtements

3. On peut l'être avant un rendez-vous ou un examen.

Exercice 7 : Les verbes. Korrigieren Sie die falsch gebildeten Verben und schreiben Sie die Sätze neu!

1. Le père de Lucien n'a pas pouvé s'empêcher de rire.

____

____.

2. Monsieur Gustave a disé des gros mots.

____.

3. Lucien a couré pour chercher du pétrole.

____.

4. Le chien a voulé mordre l'enfant.

____.

5. La voiture a survivré jusqu'à aujourd'hui.

____

____.

6. Les chevaux du père Gaston ont aidu à tirer l'automobile.

____

____.

Exercice 8 : Combinez. Verbinden Sie die Begriffe mit ihren Definitionen!

1. Une promenade sportive	**a)** l'escalade
2. Un sport de montagne	**b)** un accident
3. Ce qu'a apporté Sophie	**c)** les escalopes à la purée
4. Les fruits que Sophie va ramasser	**d)** les boissons
5. Ce qui est arrivé au père de Marie	**e)** une randonnée
6. Ce que Thomas et sa grand-mère mangent	**f)**les myrtilles

Exercice 9 : Vrai ou faux ? Markieren Sie mit richtig ✓ oder falsch — !

1. Lucien ne s'intéresse pas aux nouvelles choses. ❐
2. Les Gardent sont des gens méchants. ❐
3. La mère Dumontel a peur de l'automobile. ❐
4. Monsieur Gustave rit avec les autres. ❐

Exercice 10 : Démelez les mots. Bringen Sie die Buchstaben in die richtige Reihenfolge!

1. forteclonab ____________________
2. crétairese ____________________
3. thympaquies ____________________
4. teliera ____________________
5. otixeque ____________________
6. sapayge ____________________
7. mamefls ____________________

Exercice 11 : Trouvez les bons mots. Finden Sie die Begriffe zu den Abbildungen und geben Sie den bestimmten Artikel dazu an!

1. ____________________

2. ____________________

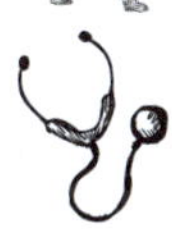

3. ____________________

4. ____________________

Exercice 12 : Supprimez l'intrus. Welches Wort passt nicht in die Reihe?

1. col montagne charette colline
2. voilé déguisé masqué hérissé
3. dévorer enterrer manger avaler
4. campement souk poterie charcuterie

Exercice 13 : Les substantifs. Bilden Sie Substantive zu den folgenden Verben und geben Sie das Genus anhand des unbestimmten Artikels an.

1. alerter ______________________
2. monter ______________________
3. souffler ______________________
4. apparaître ______________________

Exercice 14 : Démêlez les phrases. Bringen Sie die durcheinandergeratenen Wörter in die richtige Reihenfolge!

1. veut gendarmes Thibault les plus pour redescendre vite le prévenir

____

______________________.

2. a ouvrir Thomas n'est à facile boîte

pas la trouvée que

---

3. le vite croise métro Paul pourque il

doigts les arrive

---

4. ferme sa père un devant banc était le

Gaston sur assis

Solutions

Solutions

La marche du progrès

Exercice 1 : **1.** Personne n'était là. **2.** Personne n'y croyait. **3.** Personne n'en parle. **4.** Je ne connais personne ici.

Exercice 2 : **1.** femme **2.** personne **3.** se taire **4.** lent **5.** soir **6.** premier

Exercice 3 : **1.** occasion **2.** bruit **3.** dandy **4.** grillon **5.** abeille **6.** dire

Exercice 4 : **1.** droite **2.** trouve **3.** chance **4.** chemin **5.** ferme

Exercice 5 : **1.** Les Gardent avaient habité juste à côté.
2. Il avait fait des expériences bizarres.
3. Le chien avait bondi vers moi. **4.** Il m'avait montré les dents.

Exercice 6 :

A	X	P	L	B	C	H	I	E	N
B	T	O	S	T	U	V	N	K	M
E	E	O	U	V	R	I	E	R	I
I	C	H	E	S	S	E	N	C	E
L	H	N	M	U	Z	Q	S	T	I
L	N	B	S	T	R	O	U	T	E
E	I	R	B	W	I	P	N	A	C
P	Q	U	M	V	O	L	A	N	T
A	U	I	T	D	N	U	I	S	U
B	E	T	L	T	A	B	A	V	E

Exercice 7 :

1. Tempête est sa jument.
2. Leur chien s'est montré agressif.
3. Ce n'était pas sa faute.
4. Tous leurs parents attendaient l'auto mobile.
5. Tempête connaît ses secrets.

Exercice 8 :

A	B	O	U	T	E	I	L	L	E	M	O
L	A	T	E	R	W	U	Z	O	I	R	E
I	L	S	R	E	P	A	S	I	C	R	I
P	É	T	R	O	L	E	U	R	U	N	T
O	A	T	Y	L	D	U	F	E	I	U	S
C	A	V	E	R	N	E	N	T	S	A	S
N	T	O	R	N	A	D	E	D	I	T	O
M	N	A	T	U	V	R	A	I	N	T	E
È	U	C	C	H	A	M	B	R	E	P	U
R	I	L	A	I	S	E	R	M	E	U	R
E	P	A	I	Z	B	R	A	S	S	O	N

Exercice 9 : **1.** entendu **2.** êtes **3.** reconnu **4.** décidé

Exercice 10 : **1.** b **2.** c 3 d. **4.** a

Exercice 11 :

1. L'automobile représente le progrès.
2. Tempête est une jument gentille.
3. L'instituteur parle de nouvelles invenions.
4. Pour conduire une voiture, il faut de l'essence.

Exercice 12 :

1. La petite fille se montrait curieuse.
2. Lucien trouvait la jument merveilleuse.
3. Les parents étaient fiers de leur fille si intelligente.

4. Les paysannes sont souvent gentilles.
5. Comme la machine était capricieuse !

Randonnée mortelle

Exercice 1 : **1.** se met **2.** avancent **3.** disent **4.** peut

Exercice 2 : **1.** a **2.** b **3.** b **4.** a

Exercice 3 : **1.** la toux (tousser) **2.** la dispute **3.** tu **4.** le jour **5.** le monde **6.** l'image

Exercice 4 : **1.** de **2.** en **3.** à **4.** sur **5.** à côté

Exercice 5 :

P	R	É	C	I	T	E	R	R	A	J
E	O	N	I	C	U	E	S	T	V	O
P	M	E	N	U	I	S	I	E	R	U
S	O	L	E	C	I	C	R	U	E	R
X	Y	P	R	A	O	A	S	T	U	N
É	B	R	I	C	O	L	E	U	R	A
M	I	E	L	S	T	O	R	T	Z	L
E	R	N	E	A	L	P	E	S	C	G
L	E	P	A	N	T	E	N	F	T	S

Exercice 6 : **1.** b **2.** d **3.** a **4.** c **5.** g **6.** e

Exercice 7 : **1.** pied **2.** camion **3.** temps **4.** montagne **5.** groupe

Exercice 8 : **1.** Il s'est interrompu **2.** Nous avons découvert **3.** Elles ont été **4.** Vous avez continué **5.** J'ai lu **6.** On a dû **7.** il a voulu **8.** nous avons réfléchi

Exercice 9 : **1.** rire **2.** hôtel **3.** refuser **4.** nager **5.** escalope

Exercice 10 : **La** paroi est **abrupte**, même pour moi, qui suis un spécialiste. Nous **regardons** Thibault descendre d'**en** haut. Je **ne me souviens plus** vraiment **de l**'ordre des événements. Il est difficile **de** réaliser : ce qui a chuté devant moi, c'est ...

Exercice 11 : Mont-Blanc / boîte / menuisier / trompe / tentes / secret

Lösung: MEURTRES

Exercice 12 : **1.** phrase **2.** choqué **3.** cahier **4.** sauf **5.** jaunis **6.** journaux **7.** accident **8.** disparition

Bas les masques

Exercice 1 : **1.** a fini **2.** travaille **3.** est **4.** avait **5.** ont **6.** a choisi

Exercice 2 : **1.** profil **2.** appareil **3.** écran **4.** mallette **5.** photo **6.** docteur

Exercice 3 : **1.** pleurer **2.** rien **3.** trouver **4.** sous

Exercice 4 : **1.** Il a fini par mettre la chemise grise. **2.** Ils vont finir par se rencontrer. **3.** Paul va finir par prendre le métro. **4.** Il va finir à y arriver.

Exercice 5 : **1.** La chemise de Paul est blanche.
2. Un homme d'affaires porte des cravates.
3. Paul boit du café.
4. Cette vieille chemise est démodée.
5. Le scooter de Paul est capricieux.
6. Il se met de la graisse sur les mains.

Exercice 6 : **1.** la (le) **2.** noter (noté) **3.** sûr (sur) **4.** sa (ça) **5.** au (à) **6.** moin (moins)

Exercice 7 : **1.** b **2.** c **3.** d **4.** a **5.** f **6.** e

Exercice 8 : **1.** Paul a terminé ses études de médecine. **2.** Ils se sont rencontrés l'an dernier. **3.** Paul et Alice ont fait connaissance. **4.** Les jeunes filles sont allées au cinéma. **5.** Alice est venue avec Stéphanie.

Exercice 9 : **Horizontal** : urgences, médecin, talon, soigner, écran

Vertical : peur, rue, grève, capot, nez

Exercice 10 : **1.** Arrivés **2.** souhaite **3.** va **4.** revient **5.** prie **6.** assise

Une oasis inattendue

Exercice 1 : **1.** d **2.** a **3.** f **4.** e **5.** b **6.** c

Exercice 2 : Le soir, **le** couple **mange** comme tous les soirs au buffet **de l**'hôtel. C'est **là** que Thierry décide d'annoncer à Martine la surprise qu'il lui a **réservée**.

Exercice 3 : **1.** faux (C'est Thierry qui a envie d'une aventure.) **2.** vrai **3.** faux (Thierry ne trouve pas que l'excursion coûte cher.) **4.** faux (Martine aime bien rester au bord de la piscine.)

Exercice 4 : **1.** Nous nous sommes ennuyés. **2.** Vous ne vous êtes pas occupés. **3.** Elles se sont aventurées. **4.** Tu ne t'es pas préparé.

Exercice 5 : Et quand ils **arrivent** dans le hall de l'hôte, point de **départ** de l'excursion, ils ne trouvent pas le guide qui devait les accueillir. Thierry court à la réception : ce qu'il craignait **est** arrivé, **le** groupe ne pouvait plus attendre et il **est** parti sans eux ! Thierry est en colère, alors que Martine ressent plutôt une sorte de soulagement, mélangé à un **peu** de honte.

Exercice 6 : **1.** d **2.** a **3.** b **4.** c **5.** f **6.** e

Exercice 7 : **1.** Martine n'a pas envie des aventures en vacances. **2.** Le groupe n'a pas pu attendre Martine et Thierry. **3.** En route, Martine commence à trouver le paysage joli. **4.** C'est dangereux d'avoir une panne au milieu du désert.

Exercice 8 : **1.** est **2.** a **3.** souffre **4.** sait **5.** fera **6.** prendront

Exercice 9 : **1.** faux (Le 4x4 de location n'est plus tout jeune.) **2.** vrai **3.** faux (La voiture est climatisée.) **4.** faux (Ils ont leur portables, mais il n'y a pas de réseau.)

Exercice 10 : **1.** poterie **2.** route **3.** excursion **4.** Turquie **5.** habitude

Exercice 11 : **1.** chameaux **2.** peau **3.** timidement **4.** cœur **5.** assassins **6.** voleurs **7.** soulagé **8.** avoue **9.** inquiet **10.** désert **11.** doigt **12.** prénom

Exercice 12 :

P	A	Y	S	A	G	E	M	S	P
B	E	V	O	D	A	U	G	A	O
R	X	A	F	E	M	M	E	B	T
O	C	C	A	S	I	O	N	L	E
N	U	A	S	E	N	T	I	E	R
Z	R	N	O	R	S	E	B	V	I
E	S	C	J	T	L	U	X	E	E
R	I	E	M	S	O	R	T	I	R
M	O	S	O	L	E	I	L	O	G
E	N	E	R	V	E	G	E	L	E

Exercice 13 : **1.** mangé **2.** raconte **3.** trouvé **4.** regardent **5.** réalisent **6.** sauvé

Exercice 14 : **1.** travail **2.** chéri(e) **3.** GPS **4.** froid glacial

Test final

Exercice 1 : **1.** ouvrier **2.** curieux **3.** nouveauté **4.** jument **5.** paysan **6.** essence

Exercice 2 : **1.** démodé **2.** portable **3.** déguisement **4.** glissant **5.** touchant **6.** ascenseur **7.** soulagé **8.** dentifrice

Lösung: obstacle

Exercice 3 : **1.** e **2.** d **3.** f **4.** b **5.** a **6.** c

Exercice 4 : **1.** Ils l'ont faite. **2.** Elles se sont bien passées. **3.** Ils les ont vus. **4.** Il lui a fait peur. **5.** Il a dansé avec elle. **6.** Ils les ont accueillis.

Exercice 5 :

G	E	X	C	O	L	I	M	A	N
U	S	A	C	C	I	D	E	N	T
E	C	S	T	A	P	E	U	F	S
R	A	O	D	E	L	O	R	A	N
R	L	P	A	T	L	U	T	L	C
E	A	A	S	S	P	I	R	U	A
R	D	L	T	E	N	T	E	J	M
I	E	S	O	P	V	A	S	R	I
C	D	C	M	L	T	U	L	I	O
M	O	N	T	A	G	N	E	S	N

Exercice 6 :

			1. D				
	2. C	L	E				
	U		N				
	I		T			3. N	
4. G	R	A	I	S	S	E	
			F			R	
5. M	E	T	R	O		V	
			I			E	
			6. C	O	E	U	R
			E			X	

Exercice 7 : **1.** Le père de Lucien n'a pas pu s'empêcher de rire. **2.** Monsieur Gustave a dit des gros mots. **3.** Lucien a couru pour chercher du pétrole. **4.** Le chien a voulu mordre l'enfant. **5.** La voiture a survécu jusqu'à aujourd'hui. **6.** Les cheveaux du père Gaston ont aidé à tirer l'automobile.

Exercice 8 : **1.** e **2.** a **3.** d **4.** f **5.** b **6.** c

Exercice 9 : **1.** faux (Lucien s'intéresse beaucoup aux nouvelles choses.) **2.** faux (Les Gardent sont de braves gens.) **3.** vrai **4.** faux (Monsieur Gustave ne rit pas avec les autres.)

Exercice 10 : **1.** confortable **2.** secrétaire **3.** sympathique **4.** atelier **5.** exotique **6.** paysage **7.** flammes

Exercice 11 : **1.** le chameau **2.** le stéthoscope **3.** le journal **4.** le scooter

Exercice 12 : **1.** charette **2.** hérissé **3.** enterrer **4.** campement

Exercice 13 : **1.** une alerte **2.** une montée **3.** un souffle **4.** une apparition

Exercice 14 : **1.** Thibault veut redescendre le plus vite possible pour prévenir les gendarmes. **2.** La boîte que Thomas a trouvée n'est pas facile à ouvrir. **3.** Paul croise les doigts pourque le métro arrive vite. **4.** Le père Gaston était assis sur un banc devant sa ferme.

Glossaire

Glossaire

↯ = umgangssprachlich

4x4 *m*	Offroadfahrzeug, Geländewagen
abeille *f*	Biene
aboyer *irr*	bellen
à bout de souffle	außer Atem
abrupt	steil
accueillir *irr*	empfangen
aérer *irr*	lüften
agence *f* **de location de voitures**	Autovermietungsunternehmen
alerter	alarmieren, benachrichtigen
à mi-parcours *m*	auf halber Strecke, auf halbem Weg
articles *m pl* **ménagers**	Haushaltswaren
ascenseur *m*	Fahrstuhl
aspirateur *m*	Staubsauger
assassin *m/f*	Mörder(in)
à tout hasard	planlos, wahllos, auf gut Glück

attirer	anlocken
avoir *irr* **honte**	sich schämen
avouer	zugeben
babines *f pl*	Lefzen
bave *f*	Speichel
beau-père *m*	Schwiegervater
bégayer	stottern
Berbères *m/f pl*	Berber (Angehörige eines nordafrikanischen Stamms)
bourdonner	summen
bouton *m* **du haut**	oberster Knopf
brave	*hier:* anständig
bricoler	basteln, tüfteln, werkeln
bricoleur *m*	Heimwerker
brouette *f*	Schubkarre
bruissement *m*	Rascheln
calvaire *m*	Martyrium
campement *m*	Lager
capot *m*	Motorhaube
capricieux	unzuverlässig, launisch
captivant	spannend
casquette *f*	Mütze
chameau *m*	Kamel
charcuterie *f*	Metzgerei
charrette *f*	Karren

chauffard *m*	Verkehrsrowdy
chaussures *f pl* **de randonnée**	Wanderschuhe
cheval *m* **de trait**	Zugpferd
claquer de la langue	mit der Zunge schnalzen
clé *f* **de contact**	Zündschlüssel
clin *m* **d'œil**	Augenzwinkern
col *m*	Pass
colline *f*	Hügel
comptable *m/f*	Buchhalter(in)
compteur *m*	*hier:* Kilometerzähler
comptoir *m*	Tresen
convenable	anständig
corde *f*	Seil
cou *m*	Hals
coup *m* **de coude**	Stoß mit dem Ellenbogen
coup *m* **de foudre**	Liebe auf den ersten Blick
coup *m* **de poing**	Faustschlag
croc *m*	*hier:* (Hunde-)Zahn
crotte *f* **de chien**	Hundehaufen
cuir *m*	Leder
curé *m*	Pfarrer
dater de	stammen, datieren (aus einer Zeit)
déchiré	zerrissen

se décoiffer	sich das Haar zersausen
décourager *irr*	entmutigen
définitivement	endgültig
se déguiser	sich verkleiden
déguisement *m*	Verkleidung
démarrer	anspringen, losfahren
démodé	altmodisch
démonter	abbauen, abmontieren
dentifrice *m*	Zahnpasta
se déplacer	sich fortbewegen
se désigner	*hier:* auf sich zeigen
détaché	*hier:* offen (Haar)
se détacher	sich lösen
dévorer	verschlingen
disparition *f*	Verschwinden
se disputer	sich streiten
doré	golden
économiser	sparen
écran *m*	Bildschirm
effort *m*	Mühe
empoigner	(an)packen
emprunter qc	sich etwas ausleihen
s'enfoncer	einsinken
en grinçant des dents	zähneknirschend
En voiture, Simone !	Auf geht's! Nichts wie los!

en vue *f*	angesehen, begehrt
encombré	versperrt, verstopft
s'ennuyer *irr*	sich langweilen
enterrer	verscharren, begraben
épais	dick, dickflüssig
épouser	heiraten
escalade *f*	Klettern
escalope *f* **à la purée**	Schnitzel mit Püree
espèce *f*	Art
essence *f*	Benzin, Treibstoff
Est-ce que tu m'accordes cette danse?	Darf ich um diesen Tanz bitten?
s'éteindre *irr*	*hier:* ausgehen (Gerät)
être *irr* **mal à l'aise**	sich unwohl fühlen
s'évaporer	verdunsten
se faire *irr* **bronzer**	sich bräunen
faire *irr* **les cent pas**	auf und ab gehen
faire *irr* **le signe de croix**	sich bekreuzigen
faire *irr* **un bond**	einen Satz machen
farces *f pl* **et attrapes**	Scherzartikel
feuilleter	durchblättern
ϟ **fichu**	*hier:* aus, im Eimer
flatté	geschmeichelt

flotter	schweben
flou	verschwommen
fondre *irr*	schmelzen
frapper dans ses mains	in die Hände klatschen
ϟ **gamin** *m*	Kind
gendre *m*	Schwiegersohn
glacial	eisig
glissant	rutschig
gorgée *f*	Schluck
graisse *f*	(Schmier-)Fett
grillon *m*	Grille
grimpeur *m*	Kletterer
grogner	knurren
gros mot *m*	Schimpfwort
hausser les épaules	mit den Schultern zucken
hérissé	zerzaust
heure *f* **de pointe**	Hauptverkehrszeit
hocher la tête	nicken
homme *m* **d'affaires**	Geschäftsmann
hoquet *m*	Schluckauf
illisible	unlesbar
s'incliner	sich verbeugen
indiquer	(an)zeigen, hinweisen
instituteur *m*	(Grundschul-)Lehrer

internaute *m/f*	Internetnutzer(in)
s'interposer	eingreifen, dazwischengehen
s'interroger *irr*	sich fragen
jauni	vergilbt
jouer aux fléchettes	Darts spielen
journal *m*	*hier:* Tagebuch
jument *f*	Stute
jurer	*hier:* fluchen
la mine sombre	mit finsterer Miene
maire *m*	Bürgermeister
maladroit	ungeschickt
mallette *f* **du petit docteur**	Arztkoffer für Kinder
manivelle *f*	(Hand-)Kurbel
massif *m*	Gebirgsmassiv
médina *f*	Medina, Altstadt nordafrikanischer Städte
menuisier *m*	Schreiner
mirage *m*	Fata Morgana
monter	*hier:* aufbauen
moqueur	spöttisch
mosquée *f*	Moschee
myrtille *f*	Heidelbeere
naseaux *f pl*	Nüstern

ne pas pouvoir *irr* **s'empêcher de**	nicht anders können als
nulle part	nirgendwo
obstacle *m*	Hindernis
ombre *f*	Schatten
os *m*	Knochen
ouvrier *m*	Arbeiter, Handwerker
paisible	ruhig, friedlich
pare-brise *m*	Windschutzscheibe
paroi *f*	*hier:* Felswand
pavé *m*	Pflasterstein
pédiatre *m/f*	Kinderarzt
performance *f*	Leistung
perturbé	gestört
physique *m*	äußeres Erscheinungsbild
plainte *f*	Beschwerde, Klage
plan *m* **de travail**	Arbeitsfläche
planche *f*	Brett
point *m* **de repère**	Orientierungspunkt
pois chiches *m pl*	Kichererbsen
pollution *f*	Verschmutzung
portable *m*	Handy
poterie *f*	Töpferei
pré *m*	Wiese
prévenir	benachrichtigen

progrès *m*	Fortschritt
publicité *f*	Werbung
ralentir	verlangsamen
ramasser	sammeln
randonnée *f*	Wanderung
rassurer	beruhigen
RATP (Régie autonome des transports parisiens) *f*	öffentliche Pariser Verkehrsbetriebe
rattraper	aufholen, einholen
réapparaître	wieder auftauchen
récipient *m*	Gefäß
récit *m*	Erzählung
régime *m*	Diät
remuer les oreilles	mit den Ohren wackeln
se rendre *irr* **compte**	sich bewusst werden, merken
renoncer	verzichten, zurücktreten
renverser	überfahren; verschütten
réseau *m*	Netz
retardateur *m*	*hier:* Selbstauslöser
rétroviseur *m*	Rückspiegel
rive *f*	Ufer
se rompre *irr*	zerreißen
rougir *irr*	erröten
rouille *f*	Rost

rumeur *f*	Gerücht
scooter *m*	Motorroller
seringue *f*	Spritze
serrure *f*	Schloss
son *m*	Klang
sortir *irr* **des sentiers battus**	neue Wege gehen
souffle *m*	Atem, Luftzug
souk *m*	Basar
surnommer	(be-)nennen
sursauter	hochschrecken
tache *f*	Fleck
talon *m*	Schuhabsatz
tire-bouchon *m*	Korkenzieher
tiroir *m*	Schublade
touchant	rührend
toussoter	hüsteln
traîner	*hier:* herumliegen
transport *m* **routier**	Güterkraftverkehr
trembler	zittern
troupeau *m*	Herde
trousseau *m* **de clés**	Schlüsselbund
tuyau *m*	Schlauch
urgences *f pl*	Notaufnahme
verser	gießen, schütten

voilé	verschleiert
volant *m*	Lenkrad, Steuer
zigzaguer	im Zickzack verlaufen/gehen

Liste des exercices

Bildnachweis
Fotolia: kuco 90 (Bauer mit Pflug), 92 (Schafherde); hadkhanong 97 (Kamel);
Shutterstock: nikiteev_konstantin 97 (Stethoskop); tsaplia 97 (Tagebuch);
WINS86 97 (Motorroller); primiaou 99 (Bank)